Der Bestsellerautor Stefan Klein im Gespräch mit weltweit führenden Wissenschaftlern. Er diskutiert mit dem Astronomen des Papstes, Guy Consolmagno, über Gott und den Ursprung des Universums, spricht u. a. mit der Kognitionspsychologin Margaret Boden über schöpferische künstliche Intelligenz, mit dem Botaniker Stefano Mancuso über die Intelligenz der Pflanzen – und selbst Sigmund Freud kommt noch einmal zu Wort.
Glänzend geführte Unterhaltungen, die uns teilhaben lassen an den persönlichen Erfahrungen, Einsichten und aktuellsten Forschungen der derzeit klügsten Köpfe.

»Klein versteht es, spannende Fragen zu stellen und die Konversation in die richtige Richtung zu lenken.« *Gehirn und Geist*

Stefan Klein, geboren 1965 in München, ist der erfolgreichste Wissenschaftsautor deutscher Sprache. Er studierte Physik und analytische Philosophie in München, Grenoble und Freiburg und forschte auf dem Gebiet der theoretischen Biophysik. Er wandte sich dem Schreiben zu, weil er »die Menschen begeistern wollte für eine Wirklichkeit, die aufregender ist als jeder Krimi«. Sein Buch ›Die Glücksformel‹ (2002) stand über ein Jahr auf allen deutschen Bestsellerlisten und machte den Autor auch international bekannt. In den folgenden Jahren erschienen die hochgelobten Bestseller ›Alles Zufall‹, ›Zeit‹, ›Da Vincis Vermächtnis‹ und ›Der Sinn des Gebens‹, das Wissenschaftsbuch des Jahres 2011 wurde. Seine bekannten Wissenschaftsgespräche erschienen unter dem Titel ›Wir sind alle Sternenstaub‹ und ›Wir könnten unsterblich sein‹. Zuletzt erschien ›Träume. Eine Reise in unsere innere Wirklichkeit‹ im S. Fischer Verlag. Stefan Klein lebt als freier Schriftsteller in Berlin und lehrt an der dortigen Universität der Künste.

Weitere Informationen finden Sie auf www.fischerverlage.de

Stefan Klein

Wir werden uns in Roboter verlieben

Gespräche mit Wissenschaftlern

FISCHER Taschenbuch

MIX
Papier aus verantwortungsvollen Quellen
FSC www.fsc.org FSC® C083411

Originalausgabe

Erschienen bei FISCHER Taschenbuch
Frankfurt am Main, Mai 2019

Satz: Pinkuin Satz und Datentechnik, Berlin
Druck und Bindung: CPI books GmbH, Leck
Printed in Germany
ISBN 978-3-596-70423-1

Inhaltsverzeichnis

Vorwort

Fortschritt ist der Weg über einen reißenden Fluss. Menschen wollen ans andere Ufer gelangen, aber es fehlt eine Brücke. Also wirft einer einen Brocken ins Wasser, gerade so weit, dass er den Stein mit einem sicheren Schritt erreicht. Jetzt ist das Ziel einen Meter näher gerückt. Der Nächste steigt auf diesen Tritt und wirft von dort einen weiteren Stein in den Fluss. Und so geht es weiter, bis der letzte Brocken zum anderen Ufer hinführt. Ist das Wasser tief, genügen Trittsteine nicht, dann heißt es Pfeiler aufstellen und diese zu einer Brücke verbinden. Darum kann es Minuten dauern oder auch Jahre, bis die Reisenden das andere Ufer erreichen.

Genauso gelangen wir zur Erkenntnis. Von einem sicheren Standpunkt ausgehend, wagt man sich vor, Schritt für Schritt und der Basis vertrauend, die die Vorgänger schufen. So funktioniert Wissenschaft. Wer Forschung betreibt, misst, rechnet und denkt gewöhnlich dort weiter, wo andere aufgehört haben: wirft den nächsten Stein in den Fluss.

Gelegentlich allerdings treten Forscher in Erscheinung, die sich nicht mit kleinen Schritten begnügen, sondern unbekannte Ufer anstreben. Fast immer erscheinen die Ziele, die sie sich aussuchen, in den Augen der anderen zu weit, die Risiken zu groß. Darum müssen diese Forscher ihren Weg alleine antreten. Von solchen Menschen handelt dieses Buch.

So unterschiedlich die Forscher sind, mit denen ich die folgenden Gespräche führte – sie alle haben es sich zur Lebensaufgabe gemacht, das bis dahin Unvorstellbare zu entdecken. Wer solches will, braucht Eigenschaften, die Außenstehende eher mit Künstlern und Abenteurern als mit Wissenschaftlern verbinden: Phantasie und Mut. Der spätere Physiknobelpreisträger Stefan Hell etwa hatte es sich in den Kopf gesetzt, die Naturgesetze der Optik auszuhebeln, um Atome sichtbar zu machen. Ob er dieses Ziel erreichen konnte, ob überhaupt Menschen jemals dorthin gelangen würden, wusste er nicht. Bekannt war nicht einmal, ob es auf der anderen Seite des Wassers, in das Hell sich vorgewagt hatte, eigentlich ein Ufer gab. Weil niemand bereit war, für seine Forschung zu zahlen, wandte er für seinen Lebensunterhalt die Ersparnisse seiner Großmutter auf.

Die Musikpsychologin Diana Deutsch brachte Jahrzehnte in ihrem Tonstudio mit der Entdeckung von akustischen Illusionen zu, die nicht minder verstörend als die bekannten optischen Täuschungen sind. Die Biologen Randolf Menzel und Stefano Mancuso fanden in Insekten und Pflanzen Fähigkeiten, die man diesen nie zugetraut hatte: Bienen beherrschen abstraktes Denken, Pflanzen sehen und ahmen einander nach. Guy Consolmagno schließlich, der Astronom des Papstes, denkt darüber nach, wie die Suche nach außerirdischem Leben die Gottesvorstellung der Menschen verändert. Der Physiker Carlo Rovelli, der in seiner Arbeit sogar die kosmische Herrschaft der Zeit hinterfragt, sieht Rebellion als ein Leitmotiv der Forschung. »Wissenschaft beruht auf der Weigerung, die gewohnte Ordnung der Dinge hinzunehmen.«

So handeln die in diesem Buch versammelten Gespräche davon, wie aus der Auflehnung gegen vermeintliche Gewissheiten Einsichten werden, die unser Leben verändern. Auch Künstler entwerfen Gegenwelten. Anders als deren Schöpfungen allerdings haben sich die Ideen der Wissenschaftler an der Wirklichkeit zu bewähren. Kunst ist allein der Kunst verpflichtet, darin liegt ihr Potential. Wissenschaft hingegen lebt vom systematischen Zweifel; gerade in Zeiten, in denen Fake News ein Millionenpublikum finden, ist diese Methode von unschätzbarem Wert. Eine wissenschaftliche Theorie ist tot, sobald sie den Beobachtungen widerspricht. Forscher, die neue Welterklärungen anbieten, setzen ihre eigene Zukunft aufs Spiel.

»Physiker sind die Pan Taus der menschlichen Rasse«, behauptete Isidor Isaac Rabi, ein Physiknobelpreisträger, dessen Forschung über den Magnetismus der Atomkerne wir die Kernspintomographen verdanken, die heute in jedem größeren Krankenhaus Patienten durchleuchten. »Sie werden niemals erwachsen. So können sie ihre Neugierde behalten. Denn sobald ein Mensch zu raffiniert wird, weiß er zu viel.« Wenigstens einen Funken von Pan Tau habe ich in jedem meiner Gesprächspartner entdeckt.

Berlin, im November 2018 *Stefan Klein*

Die Freude, das Universum zu betrachten

Der Astronom des Papstes, Guy Consolmagno, über Wissenschaft, Glauben und die Frage, ob Thunfische einen Gott haben

Wenn wir die Welt mit Naturgesetzen erklären können, wo ist dann Gott? Wer sich mit der Entstehung und dem Aufbau des Universums befasst, stößt zwangsläufig auf solche Fragen. In diesem schwierigen Grenzgebiet zwischen Wissen und Glauben bewegt der Astrophysiker Guy Consolmagno sich täglich. Er ist Jesuit und leitet die Sternwarte des Papstes in Castel Gandolfo bei Rom, wo eine weithin sichtbare Teleskopkuppel den Palast der päpstlichen Sommerresidenz krönt. Das Vatikanische Observatorium, in seiner heutigen Form im Jahr 1891 gegründet, um den Austausch zwischen Wissenschaft und Religion zu fördern, betreibt als internationale Forschungseinrichtung auch ein Großteleskop in der Wüste von Arizona. Consolmagno, 1952 in Detroit geboren, studierte Astrophysik und gilt als weltweit anerkannter Experte für Meteoriten und die Entstehung der Himmelskörper im Sonnensystem. 1993 trat er eine Stelle an der päpstlichen Sternwarte an, 2015 wurde er deren Direktor. Er erscheint im Sweatshirt und trägt einen langen weißen Bart, spricht schnell und lacht viel. Eher würde ich vermuten, einem Professor einer amerikanischen Universität des mittleren Westens begegnet zu sein als dem Astronomen des Papstes.

Herr Consolmagno, wir können heute mit Weltraumobservatorien das erste Licht des Universums nach dem Urknall einfangen, die kosmische Hintergrundstrahlung. Als der amerikanische Astrophysiker George Smoot vor einigen Jahren Darstellungen dieser Strahlung präsentierte, sagte er: »Wenn Sie religiös sind, dann ist es, als würden Sie in Gottes Antlitz schauen.« Stimmen Sie ihm zu?

Smoot hat die Erfahrung sehr genau beschrieben: Plötzlich sieht man etwas, von dem man nie dachte, es je sehen zu können. Dies ähnelt tatsächlich einem religiösen Erlebnis.

Was empfinden Sie, wenn Sie zum Sternenhimmel aufschauen?

Dasselbe Staunen, das ich als Kind fühlte, aber mit dem Vorteil, mehr zu wissen. Was ich weiß, lässt mich die Dinge, die ich wahrnehme, noch höher schätzen. Ich habe ein kleines privates Teleskop. Wer durch das Fernrohr den Orionnebel erblickt, sagt: wie wunderschön! Ich allerdings kann den Orionnebel betrachten und weiß: Dort werden Sterne geboren. Mit einem größeren Teleskop erkennt man sogar die Vorgänge, bei denen Planetensysteme entstehen.

Es ist, wie Musik zu hören oder einen Sonnenuntergang zu bewundern. Die glutrote Sonne ist schön. Und die Maxwell'schen Gleichungen, die beschreiben, wie ihr Licht zu uns gelangt, sind schön. Diese Eleganz der Natur erfahren Sie aber nur, wenn Sie die Wissenschaft kennen.

Ich weiß, was Sie meinen: Ein fast ekstatisches Staunen darüber, dass sich die Schönheit der Welt uns auf so vielen Ebenen zeigt.

Das einfachste Wort dafür ist: Freude. Wenn es mir nicht gutgeht, schaue ich durch das Teleskop. Nachher bin ich viel glücklicher.

Würden Sie dieses Glück ein religiöses Gefühl nennen?

Ja. Mit der Betonung auf Gefühl. Religion ist mehr als Emotionen. Doch die Freude, die ich beim Blick durchs Teleskop oder auch dann empfinde, wenn ich Daten aus dem Computer ausgedruckt habe und plötzlich etwas verstehe, ist mit der Freude vergleichbar, die ich im Gebet erlebt habe.

Sie haben 20 Jahre als Wissenschaftler gearbeitet, bevor Sie Jesuit wurden. Wie kam es?

Ich bin in einem katholischen Elternhaus aufgewachsen. Ich habe mich bei meiner irischen Mutter und meinem italienischen Vater sehr wohl gefühlt. Und ich bewunderte meine Lehrer, die Jesuiten waren. Religion war ein wichtiger Teil unseres Lebens, aber ich habe mich durch sie nie von Schuldgefühlen beladen oder unterdrückt gesehen. Im

Gegenteil: Ich habe die Religion genossen. Ich erlebe noch immer große Befriedigung, wenn ich täglich die Messe besuche, und einen Verlust, wenn ich nicht hingehe.

Sie sind aus Hedonismus gläubig.

Würde ich dieses Wort verwenden? Aber ja, ich habe nie Dinge getan, die ich nicht mochte. Als wir 18 waren, tranken meine Freunde Scotch. Für mich schmeckte das wie Mundspülung. Warum sollte ich das Zeug trinken?

Man muss sich an den Whiskeygeschmack gewöhnen. Wie an die Messe.

Bei der Messe jedenfalls hat es für mich funktioniert. In die Wissenschaft kam ich, weil ich Science-Fiction-Fan bin und es schon als Jugendlicher war. Als ich die Bibliothek der Science-Fiction-Gesellschaft am MIT in Boston sah, wollte ich unbedingt dort studieren. Aus einer Laune heraus schrieb ich mich in Geowissenschaften ein. Es war großartig. Wir Studenten durften forschen, und ich schrieb meine Abschlussarbeit über Ozeane auf den Eismonden des Jupiter. Damals, in den siebziger Jahren, war das alles noch Spekulation. Die Raumsonden, die in vergangenen Jahren dort waren, haben meine Voraussagen über flüssiges Wasser unter den Eiskrusten bestätigt; meine Begründungen allerdings waren falsch. Doch als ich auf die Dreißig zuging, befriedigte mich die Forschung nicht mehr. Ich fragte mich: Was machst du eigentlich mit deinem Leben? Wie kannst du dir den Kopf über Jupitermonde zerbrechen, wenn Menschen auf der Erde verhungern?

Und zu welchem Schluss kamen Sie?

Ich kündigte meine Stelle am MIT und meldete mich zum Peace Corps, das amerikanische Fachkräfte in andere Länder schickt. Ich kam nach Nairobi, um Astronomie zu unterrichten. Ich hatte mir allerdings einen praktischeren Einsatz für die Armen vorgestellt. Am Wochenende zog ich mit meinem kleinen Teleskop durch abgelegene Dörfer. Und die Menschen dort, die kaum das Lebensnotwendige hatten, waren begeistert, wenn sie ihr Auge ans Okular legen durften. Sie empfanden natürlich genau die Freude, von der wir vorhin sprachen. Da begriff ich, dass diese Freude, das Universum zu sehen, alle Menschen vereint.

Weil wir spüren, dass wir Teil eines größeren Ganzen sind. Ich vermute, dahinter steht eine tiefe Sehnsucht: Wir wollen erfahren, wer wir eigentlich sind, und woher wir kommen. Viele Menschen erhoffen sich in der Religion eine Antwort, andere suchen sie in der Wissenschaft.

Ein Freund von mir erklärt das mit der Größe unseres Gehirns. Offenbar gibt es darin Teile, die mehr wollen als nur, dass am nächsten Morgen genug zu essen da ist. Und ja, Sie können die Sehnsucht auf das Bewusstsein von uns selbst zurückführen – auf das, was die großen Philosophen die menschliche Seele nannten. Ich würde dieses Gefühl die Freude nennen, in der Nähe Gottes zu sein. Aber ich versuche nicht, es mir zu erklären. Ich beobachte die Freude nur und nehme sie ernst. Sie gehört zum menschlichen Leben. Dass wir so empfinden, unterscheidet uns von gut gefütterten Rindern.

Aber deswegen wurden Sie nicht Jesuit.

Nein. Als ich nach zwei Jahren aus Kenia zurückkam, unterrichtete ich einige Jahre an einem amerikanischen College. Ich war glücklich. Doch dann scheiterte eine Beziehung, und mir wurde klar, dass es nicht meiner Persönlichkeit entspricht, eine Familie zu haben. Da schien mir die Zeit reif, in den Orden einzutreten. Hier kann ich die Forschung betreiben, die ich immer machen wollte, und zugleich meinen Glauben leben.

Sahen Sie keinen Widerspruch darin, als Wissenschaftler das Ordensgelübde zu leisten?

Nein. Warum hätte ich?

Weil ein Wissenschaftler nur der Erkenntnis verpflichtet sein sollte. Als Jesuit haben Sie aber Ihrer Kirche bedingungslosen Gehorsam geschworen. »Was meinen Augen weiß erscheint, halte ich für schwarz, wenn die hierarchische Kirche so entscheidet«, hat Ignatius geschrieben, der Gründer Ihres Ordens. Nicht gerade eine sehr wissenschaftliche Haltung.

Eine Metapher. Hoffentlich.

Wie kommen Sie darauf, dass Ignatius es nicht so gemeint haben könnte?

Sie müssen den Satz im Kontext sehen. Wir Jesuiten hatten schon immer den Ruf, rebellisch zu sein. Aber Rebellion und Hingabe sind kein Widerspruch. Sie bedingen einander.

Manchmal.

Nun, in diesem Fall gibt es gar keinen Konflikt. Unsere Mission am Vatikanischen Observatorium ist ganz einfach, gute Wissenschaft zu machen. Niemand befiehlt uns, worüber und mit welchem Ergebnis. Wer zu uns kommt, bestimmt selbst, woran er forscht.

Im Jahr 1996 gingen Sie für die Sternwarte des Papstes in die Antarktis, um dort nach Meteoriten zu suchen.

Ja. Meteoriten geben Auskunft über die Geschichte des Sonnensystems. Aber die meisten Meteoriten, die auf die Erde fallen, werden niemals als solche erkannt. Die Menschen halten sie für ganz gewöhnliche Steine, und irgendwann werden sie verschüttet. Doch in der Antarktis fließt das Eis von der Mitte an den Rand des Kontinents, wo es sich auflöst. Dabei kommen die vor vielen Jahrtausenden eingefrorenen Meteoriten wieder zum Vorschein. Man muss nur die Augen offen halten: Die schwarzen Steine, die sich auf der blauen Eisoberfläche abzeichnen, sind Meteoriten.

Wie lange haben Sie im Eis gelebt?

Monatelang. Meistens waren wir zu sechst, jeweils zwei Forscher in einem Zelt. Jeden Morgen fuhren wir mit dem Schneemobil weiter in eine andere Gegend. Wenn Sie länger in solch einer kargen Umgebung sind, verändert sich die Wahrnehmung. Die Farben leuchten stärker, Gerüche werden intensiver. Man beginnt sogar die Luft zu schmecken. Obwohl man sich fremd fühlt in dieser Natur, geht einem doch auf, dass auch sie zu unserer Welt gehört. Und dass das Universum viel reicher und vielschichtiger ist, als wir es uns vorstellen.

Hat man noch ein Bedürfnis nach Religion, wenn man solch unmittelbare Naturerfahrungen macht?

Ich hatte es. Ich hatte geweihte Hostien in einer Tupperwaredose dabei. Jede Nacht um 2 Uhr nahm ich eine und sprach ein Gebet. Für mich war es in dieser völligen Isolation sogar noch wichtiger, mich zu verbinden. Mich daran zu erinnern, dass die Welt größer ist als unsere drei Zelte.

Warum mitten in der Nacht?

Weil ich um diese Zeit ohnehin aufwache. Und weil ich nicht wollte, dass meine Mitreisenden davon erfahren. Was ich tat, war zu wichtig und zu intim. Wer dermaßen aufeinander angewiesen ist, wie wir es waren, lässt am besten alles Persönliche außen vor.

Ihre Kollegen im Zelt hätten Sie wohl auch nicht verstanden. Die wenigsten mir bekannten Wissenschaftler sind religiös.

Das entspricht nicht meiner Erfahrung. Normalerweise scheuen sich Wissenschaftler, über Religion zu sprechen. Aber als ich in den Orden eintrat, erzählten mir viele Kollegen von ihrer Glaubenspraxis. Wissenschaftler sind religiös wie andere Menschen auch.

Erhebungen kommen zu einem anderen Schluss. In den USA etwa glauben fast 90 Prozent der Bevölkerung, aber nur 30 Prozent der Hochschullehrer an Gott. Und unter den Forschern, die aufgrund besonderer Leistungen in die amerikanische Akademie der Wissenschaften gewählt worden sind, sind sogar nur sieben Prozent religiös.

Ich vermute, dass die Wissenschaftler die Frage bei solchen Erhebungen anders verstehen als andere Menschen. Die Wissenschaftler geben nicht über ihren Glauben, sondern darüber Auskunft, ob sie regelmäßig beten und in die Kirche gehen. Damit kommen sie natürlich auf geringere Quoten. Und die Akademie ist eine Versammlung älterer weißer Männer. Wer in solch ein Gremium gewählt wird, hat außer seiner Forschung nie ein Leben gehabt.

Für mich gibt es eine viel näherliegende Begründung für diese Daten: Die Wissenschaftler sind nicht gläubig, weil die Religion ihnen unplausibel erscheint. Die Kirche vertritt eine Lehre, die vor mehr als zweitausend Jahren entstand, in einer ganz anderen Welt. Und sie tut es noch dazu in einer Sprache, die kein Mensch mehr begreift. Als das Alte Testament geschrieben wurde, dachte man, die Erde sei flach. Und man konnte sich gar nichts anderes vorstellen, als dass ein höheres Wesen den Menschen in die Welt gesetzt hat. Heute verfügen wir über bessere Erklärungen.

Aber auch über eine reichere Theologie. In Babylon, wo die Schöpfungsgeschichte des Buchs Genesis ihren Ursprung hat, meinten die Menschen, dass die Erdscheibe von Gebirgen begrenzt und darüber ein Himmelszelt aufgespannt ist. Man fragte sich, was dahinter liegt. Heute wissen wir, der Horizont, hinter den wir nicht schauen können, ist Milliarden Lichtjahre entfernt.

Einen solchen Horizont gibt es, weil das Licht aus noch weiter entlegenen Gebieten des Weltraums seit dem Urknall nicht Zeit genug hatte, um uns zu erreichen. Aber dahinter geht das Weltall weiter. Nur können wir nicht wissen, wie es dort aussieht.

Wir mussten Astronomie treiben, um das zu erfahren. Jedenfalls beschäftigt uns die Frage, was jenseits des Horizonts sein mag, noch immer. Sie hat an Faszination nur gewonnen. Oft heißt es, wir Astronomen würden mit unseren Teleskopen nach den letzten Antworten suchen. Das ist nicht wahr. In Wirklichkeit regen wir dazu an, philosophische Fragen zu stellen.

Andererseits leben wir heute in einem goldenen Zeitalter der Kosmologie. Wir sind heute imstande, die Geschichte des Universums und damit unsere eigene Herkunft bis auf einen winzigen Sekundenbruchteil nach dem Urknall zurückzuverfolgen. Damit können wir nicht nur Antworten geben, die den Menschen vor drei Jahrzehnten oder gar zu Jesu Lebzeiten noch unbekannt waren. Wir können auch viel genauere Fragen stellen als sie.

Ja, wir haben viele neue Glieder in der Kette von Ursachen und Folgen kennengelernt. Wir wissen, wie die frühesten Galaxien aussahen. Neuerdings können wir sogar Gravitationswellen aus einer noch früheren Epoche einfangen, in der es noch nicht einmal Licht gab. Wir wissen tatsächlich erstaunlich viel über den Anfang des Universums. Aber es gibt einen Unterschied zwischen dem Anfang des Universums und dem Ursprung des Anfangs des Universums.

Sie meinen die Frage, warum es das Weltall überhaupt gibt.

Genau. Dies ist keine wissenschaftliche, sondern eine metaphysische Frage. Darum werden wir sie auch nicht mit Physik beantworten können. Aber wie wir diese Frage angehen, hängt natürlich davon ab, was wir über die Geschichte des Universums wissen.

Wie hilfreich sind da Glaubensvorstellungen aus einer Zeit, in der Menschen dachten, die Welt wurde in sieben Tagen geschaffen?

Ich glaube nicht, dass wir es mit neuen Fragen zu tun haben. Wir sehen die alten Fragen nur auf eine neue Weise. Das Buch Genesis erzählt nicht von Wissenschaft. Eine solche gab es damals noch nicht. In allen Schöpfungsberichten der Bibel finden Sie aber ein gemeinsames Thema: Das Universum ist das Werk eines übernatürlichen Gottes, der diese Welt wollte und liebt. Das ist eine tiefsinnige Überlegung, die gültig bleibt, auch wenn sich unser kosmologisches Wissen erweitert.

Einverstanden. In einer weltlichen Sprache würde ich diesen Gedanken so ausdrücken: Das Universum ist grundsätzlich gut. Allerdings hat ein solcher Glaube nicht das mindeste mit dem zu tun, was wir über die Entstehung des Kosmos herausfinden können.

Ich gebe Ihnen ein anderes Beispiel: In der Antike vermutete man Monster auf den unbekannten Kontinenten jenseits der Ozeane. Natürlich wissen wir heute, dass es diese Monster nicht gibt. Allerdings wurden im Lauf der vergangenen Jahre gut tausend Planeten in anderen Sonnensystemen entdeckt. Und es wäre sehr, sehr merkwürdig, wenn nicht einige dieser Exoplaneten von intelligenten Wesen bewohnt wären. Wie denken diese Geschöpfe über die großen Fragen? Welche Vorstellungen haben sie darüber, warum es sie gibt, und wie das Universum entstand? Da schaue ich auf meine Religion und erkenne, dass die Welt eben nicht nur aus der Menschheit besteht.

Wenn ich mich richtig erinnere, spielen andere Geschöpfe der Natur in der Bibel kaum eine Rolle.

Die Christen im Mittelalter glaubten jedenfalls keineswegs daran, dass die Menschheit im Mittelpunkt von allem steht. Diesen Fehler haben erst die Humanisten gemacht.

Im Mittelalter glaubte man an Engel. Die werden Sie doch nicht mit Außerirdischen gleichsetzen wollen?

Wer sich Engel vorstellen kann, hat keine Schwierigkeit mit außerirdischer Intelligenz.

Aber die Kirche hatte Schwierigkeiten damit. Die Inquisition ließ Giordano Bruno im Jahr 1600 auf dem Scheiterhaufen verbrennen, nachdem er über einen unendlichen Kosmos und Leben auf fernen Planeten spekuliert hatte.

Das war Unrecht. Aber Bruno war ein Spinner, und er wurde nicht für seinen Glauben an Außerirdische getötet. Nikolaus von Kues, der Bischof von Brixen, hatte ähnliche Theorien ungestraft mehr als ein Jahrhundert vor Bruno vertreten.

Ich würde Bruno gewiss nicht als einen Spinner bezeichnen. Wie auch immer: Die christliche Lehre behauptet, dass das Heilsgeschehen hier auf der Erde stattfand. Wie also finden Außerirdische Platz in der Theologie?

Nehmen wir einmal die Jupitermonde, die ich erforscht habe. Wir wissen heute, dass unter deren Eiskruste tatsächlich Ozeane liegen. Dass sich dort Leben herumtreibt, ist nicht sehr wahrscheinlich, doch möglich. Vielleicht tummeln sich intelligente Thunfische dort.

Meinen Sie, Jesus hat mit seinem Leiden auch diese Geschöpfe erlöst? Oder haben die Thunfische auf dem Jupitermond Io ihren eigenen Jesus?

Ich weiß es nicht, bin ja kein Thunfisch. Aber ich weiß: Jesus hat es gegeben. Und wenn eine Heilsgeschichte auf der Erde möglich ist, kann sie auch anderswo geschehen. Ich denke, noch mehr lässt sich aus der Wissenschaft schließen: Wenn auf einem anderen Planeten dieselben Naturgesetze herrschen wie auf der Erde, und dort Leben existiert, dann muss dieses Leben dem irdischen ähneln. Und wenn es ein Geschöpf gibt, das sich seiner selbst und anderer bewusst ist und sich entscheiden kann, diese anderen zu lieben oder nicht, dann steht dieses Geschöpf vor denselben Fragen wie wir. Etwa wird es sich fragen, warum es das Böse gibt auf der Welt.

Mag sein. Aber ich sehe keinen Grund, warum der Thunfisch an Gott glauben sollte.

Weil es überhaupt keinen Grund gibt, der einen solchen Glauben zwingend erfordert. Auch für uns nicht. Gott ist kein Schluss, zu dem Sie am Ende einer Gedankenkette gelangen. Dass es ihn gibt, oder nicht, ist vielmehr eine Annahme, von der Sie ausgehen, wenn Sie das Universum betrachten. Beide Prämissen sind möglich. Es gibt kein richtig oder falsch. Sie müssen sich entscheiden.

Leider weiß ich nicht, wofür. Ich habe nie wirklich verstanden, was das Wort »Gott« eigentlich meint.

Es gibt viele Bilder von Gott, falsche und sogar gefährliche Bilder. Ein wesentlicher Teil des christlichen Glaubens besteht darin zu erkennen, dass es unzählige Versionen von Gott gibt, an die ich nicht glauben kann.

Und woran können Sie glauben? Lassen Sie es uns mit einer Bedeutung versuchen, auf die wir uns vielleicht einigen können: »Gott« ist die Ursache von allem. Das Wort ist eine Umschreibung für die unbeantwortbare Frage, warum es die Welt gibt, und warum sie so ist, wie sie ist.

Einverstanden. Aber für mich ist er mehr als das. Derselbe Gott, der für die Supernovae und die Naturgesetze verantwortlich ist, liebt mich auch.

Warum sollte er sich ausgerechnet für Sie interessieren? Oder für mich?

Tja, warum mögen meine Freunde mich? Wenn ich da eine Liste von Argumenten aufstelle, bin ich verloren. Eigentlich gibt es keine Gründe. Trotzdem ist die Frage keineswegs trivial. Die Liebe kommt vor allem anderen.

Gefühle sind menschliche Regungen. Ich finde es schwer einzusehen, wie man einem Urgrund des Universums so etwas zuschreiben kann. Würden Sie auch sagen, dass Gott einen Willen hat und handelt?

Ja.

Als wäre er eine Person? Die Vorstellung, dass sich hinter der letzten unbeantwortbaren Frage ausgerechnet ein Wesen mit menschlichen Zügen verbirgt, erscheint mir, vorsichtig ausgedrückt, phantastisch.

Phantastisch, ja. Sogar wunderbar: Gott bewirkt Wunder. Aber nicht unglaublich.

Dann müssen wir uns wohl ein Wunder ansehen. Glauben Sie an die Auferstehung des Fleisches?

Ja. Wenn es geschehen ist, dann kann es geschehen.

Was lässt Sie annehmen, dass Jesus nach seinem Tod körperlich auferstand?

Die Menschen, die den Auferstandenen sahen, glaubten so sehr daran, dass sie eher bereit waren, selbst zu sterben, als das Erlebte zu verleugnen.

Haben Sie für das Phänomen eine Erklärung?

Natürlich nicht.

Und wenn ich Ihnen sage, ich bin einer Gruppe Menschen begegnet, die bei ihrem Leben schwören, sie hätten ein funktionierendes Perpetuum Mobile gesehen: Würden Sie daran glauben?

Natürlich nicht. Aber die Auferstehung lässt sich mit allem vereinbaren, was ich sonst über Gott weiß. Das Perpetuum Mobile dagegen ist mit allem unvereinbar, was ich über Maschinen weiß.

Sowohl die Auferstehung als auch ein Perpetuum Mobile sind mit allem unvereinbar, was wir über die Naturgesetze wissen.

Richtig. Beides widerspricht dem naturwissenschaftlichen Modell, das wir vom Universum haben. Also sind entweder die Daten falsch, oder das Modell.

Welche Daten?

Die Zeugnisse der Menschen, die den Auferstandenen und angeblich das Perpetuum Mobile gesehen haben. Jetzt werden Sie mich natürlich fragen, warum ich im einen Fall den Zeugnissen glaube, im anderen nicht.

Oder warum Sie an die Auferstehung glauben, aber nicht an die Schöpfungsgeschichte, wie sie die Bibel erzählt.

Weil nicht irgendjemand auferstanden ist, und weil sich die Zeugen mit ihrem Leben für die Wahrheit ihrer Aussage verbürgten. Und vor allem, weil die Auferstehung der Angelpunkt einer ganzen Theologie ist, die das Universum sinnvoll macht, und weil sie für mich wahr klingt.

Ich glaube gern, dass die Jünger Jesus nach der Kreuzigung wirklich gesehen haben. Sie müssen unter einem enormen Schock gestanden haben, und Halluzinationen nach einer traumatischen Erfahrung sind gut dokumentiert. Auch ich finde die Auferstehung eine starke Geschichte. Aber ich kann diese Geschichte nicht wörtlich nehmen. Ich lese sie als ein kraftvolles Gleichnis dafür, dass das Gute manchmal auf erstaunlichen Wegen den Hass und die Gewalt überwindet. So, wie auch Sie die Genesis in metaphorischem Sinn, aber nicht buchstäblich verstehen.

Was ist denn der Unterschied zwischen Ihrer und meiner Lesart? Es läuft darauf hinaus: Wenn es die Auferstehung tatsächlich gab, dann ist sie auch uns versprochen. Und wenn Gott mir sagt, es gibt ein ewiges Leben, dann sag ich nicht nein.

Zweifeln Sie manchmal an Ihrem Glauben?

Natürlich. Es gibt kein religiöses Leben ohne Zweifel. Aber ich zweifle nicht oft. Im Grunde liegt es an meinem Hedonismus. Ich frage mich dann, was hätte ich davon, wenn ich auf meinen Glauben verzichte?

Ehrlichkeit. Wahrheit ist nichts, was ich mir so zurechtbiegen möchte, wie es mir am besten gefällt.

Schön. Aber dann müssen Sie mir erklären, warum Sie der Wahrheit einen so hohen Wert beimessen, dass Sie von ihr nicht abrücken wollen. Ich würde sagen, auch damit haben Sie eine religiöse Entscheidung getroffen.

Wir werden uns in Roboter verlieben

Die Kognitionswissenschaftlerin Margaret Boden über künstliche Intelligenz und Gründe, uns vor ihr zu fürchten

Werden Roboter uns beherrschen? Je schneller sich die Computertechnik entwickelt, umso mehr Menschen fürchten sich vor einer Zukunft, in der die Maschinen uns überlegen sind.

Margaret Boden ist die große alte Dame der künstlichen Intelligenz. Sie hat im Jahr 1973 an der Universität Sussex das erste Zentrum der Welt ins Leben gerufen, das zugleich das Denken von Maschinen und Menschen erforscht, und gehört dieser Universität bis heute an. Zum Zeitpunkt unseres Gesprächs 81 Jahre alt, bereitete sie gerade das Erscheinen zweier Bücher vor, die sie in den letzten Monaten fertiggestellt hatte.

Ich traf Margaret Boden an der Berliner Universität der Künste, wo wir am Vortag mit dem Medienkünstler Alberto de Campo über Computer als Schöpfer von Gemälden, Skulpturen und Musik diskutiert hatten. Dabei spielten wir unseren Zuhörern zwei Klavierstücke vor. Das eine stammte von Johann Sebastian Bach, das andere hatte eine künstliche Intelligenz in Bachs Stil komponiert. Wir fragten, welche Musik wohl der Mensch, welche die Maschine verfasst hatte. Das Publikum, darunter viele angehende Musiker, konnte den Unterschied nicht erkennen. Margaret Boden bemerkte ihn.

Frau Boden, Sie sind eigentlich Ärztin. Wie kamen Sie zur künstlichen Intelligenz?

Schon als Mädchen wollte ich wissen, wie Geist und Körper zusammenhängen, was psychische Krankheiten sind und wie sie entstehen. Also studierte ich in Cambridge Medizin, um Psychiaterin zu werden. Vor meiner klinischen Ausbildung sollte ich ein Jahr in die Neurophysiologie gehen. Dort aber hätte ich Tierversuche mit Katzen anstellen müssen, das wollte ich nicht. Da entschied ich mich – gegen den Rat aller – für einen Ausflug in die Philosophie. Dort lehrte eine Exzentrikerin, die mich faszinierte: Margaret Masterman hatte ihr eigenes Institut für Sprachverarbeitung in Computern gegründet. Es war ein kleines Ziegelhaus, dessen Türen mit buddhistischen Göttern verziert waren. Das meiste Geld kam vom amerikanischen Militär. Masterman arbeitete an der maschinellen Übersetzung von Texten. Damals, 1957, gab es nicht einmal eine Handvoll Menschen, die das versuchten. Eine ihrer Doktorandinnen erfand später das Prinzip, auf dem heute Google und alle anderen Suchmaschinen beruhen.

Und wie befriedigte das Ihr Interesse am menschlichen Geist?

Masterman arbeitete an künstlicher Intelligenz, die wir aber noch nicht so nannten. Und ich wollte ja den freien Willen und psychische Krankheiten verstehen. Anfangs war mir der Zusammenhang zwischen beidem auch noch nicht klar. Dann aber stieß ich während eines Aufenthalts an der Harvard-Universität in einem Antiquariat auf ein Buch. Sein rostbrauner Umschlag stach mir ins Auge, wegen dieser abscheulichen Farbe nahm ich es zur Hand. Dieses Buch veränderte in fünf Minuten mein Leben.

Welches Buch war das?

Es hieß »Plans and the Structure of Behavior«, also etwa Pläne und Struktur des Verhaltens. Zwei amerikanische Kognitionspsychologen und ein Hirnforscher erklärten darin, warum die Logik von Computerprogrammen nicht nur auf menschliche Sprache anwendbar ist – sondern überhaupt auf den menschlichen Geist. Während ich noch im Buchladen blätterte, ging mir auf: Mit dieser Logik kann man unser Denken, unsere Kreativität, unsere Persönlichkeit, selbst psychische Krankheiten verstehen. Und davon bin ich heute noch überzeugt.

Warum sollte künstliche Intelligenz uns helfen, uns selbst zu verstehen?

Weil der Geist nicht dasselbe ist wie das Gehirn. Systeme können sehr unterschiedlich sein, trotzdem verarbeiten sie Information auf die gleiche Weise. Also liegt eine Vermutung nahe: Was in Ihrem Kopf vorgeht, wenn Sie beispielsweise ein Ei sehen, muss sich in einem Computer ganz ähnlich abspielen, wenn er ein Ei erkennt. Wenn dem so ist, dann können wir die Informationsverarbeitung im Gehirn untersuchen, indem wir Computern dieselben Aufgaben stellen.

Wann haben Sie zum ersten Mal programmiert?

1962, in Harvard. Da konnten die meisten Menschen »Computer« noch nicht einmal buchstabieren.

Die Computer waren nach heutigem Maßstab überaus primitiv. Großrechner hatten um die 32 Kilobyte Arbeitsspeicher, hunderttausendmal weniger als ein Smartphone. Woher nahmen Sie Ihren Glauben, diese Maschinen würden einmal so mächtig, dass wir von ihnen etwas über den menschlichen Verstand lernen können?

Ich habe nie daran gezweifelt. Dass Computer sehr bedeutsam werden würden, war mir von Anfang an klar. Deswegen nahm ich meine Kinder von Anfang an ins Institut mit. Sie sollten mit Rechnern aufwachsen, mit ihnen spielen und merken, dass an den Maschinen nichts unheimlich ist. Dass allerdings Computer allgegenwärtig werden, wie heute, konnte ich mir nicht vorstellen. Wir malten uns eine Zukunft aus, in der jede Bibliothek ihr öffentliches Terminal hat. Erstaunlich fand ich auch den Erfolg der künstlichen neuronalen Netze.

Das sind lernfähige Programme, die nach dem Muster eines Gehirns funktionieren. Sie arbeiten nicht ein Detailproblem nach dem anderen in einer logischen Reihenfolge ab, sondern kommen zur Lösung, indem sie übergeordnete Muster erkennen. Wir haben heute ständig mit ihnen zu tun, ohne sie zu bemerken. Künstliche neuronale Netze erkennen unsere Stimme im Handy, stecken in jeder Bilderkennung, entscheiden, welche Posts Menschen auf Facebook sehen.

Dabei stammt die Idee eines Computers, der wie das Gehirn assoziativ denkt, aus den 1940er Jahren. Aber sie konnte erst jetzt Wirklichkeit werden, die Rechner waren damals zu leistungsschwach.

Viele Zeitgenossen sehen diese Fortschritte mit Sorge. Sie ängstigen sich vor einer Welt, in der Maschinen die Menschen beherrschen. Der Erfinder und Futurologe Ray Kurzweil, heute Direktor der technischen Entwicklung bei Google, behauptet sogar, eine übermenschliche künstliche Intelligenz sei nahe. Um das Jahr 2045 werde sie Wirklichkeit. Glauben Sie ihm?

Ich habe ihn gefragt, ob er eigentlich selbst glaubt, was er schreibt.

Und?

Er glaubt es wirklich.

Kann man Kurzweil als einen Spinner abtun?

Nein. Er hat für den Fortschritt der Technik wirklich Außerordentliches geleistet. Ich gebrauche das Wort »Genie« wirklich sehr selten. Bei Kurzweil wäre ich dazu bereit. Vielleicht gibt es auch irgendwann eine uns überlegene künstliche Intelligenz. Aber ganz bestimmt nicht in diesem Jahrhundert. Die Dinge sind viel komplizierter, als die Leute sich das so vorstellen. Kurzweils Voraussage ist einfach verrückt.

Kurzweil beruft sich darauf, dass verfügbare Rechenleistung sich alle zwei Jahre mindestens verdoppelt. Ein bedeutender Test für die künstliche Intelligenz war der Sieg im Brettspiel Go über den menschlichen Weltmeister im vorigen Jahr. So etwas galt noch vor kurzem als unmöglich. Denn die Züge im Go sind viel schwerer zu berechnen als im Schach.

Sie haben recht. Mit wie viel Einfallsreichtum die Maschine spielte, hat alle, auch mich, überrascht.

Die Entwickler dieses Go-Programms hatten ihrem Computer die Schachregeln eingespeichert, weiter nichts. Dann überließen sie die Maschine sich selbst. Nach 24 Stunden spielte der Rechner besser als jeder Mensch. Nach zwei weiteren Tagen schlug er auch jede andere Maschine. Kommt Ihnen das nicht etwas unheimlich vor?

Nein. Denn so beeindruckend diese Leistungen sind: Die künstliche Intelligenz braucht dafür enorme Mengen an Daten.

Der Computer lehrte sich selbst Schach, indem er fünf Millionen Partien gegen sich selbst spielte. Wenn YouTube Videos mit

Kätzchen erkennen soll, müssen sie dem System erst ein paar Millionen solcher Filme zeigen. Spricht das nicht gegen künstliche Intelligenz?

Unser Verstand arbeitet viel ökonomischer und ist insofern überlegen. Ein sechsjähriges Kind begreift die Bedeutung eines neuen Wortes sofort.

Wie macht es das?

Wenn wir das wüssten. Künstliche Intelligenz scheitert auch regelmäßig an Tätigkeiten, die uns als ganz einfach erscheinen. Wenn Sie die Töpfe in Ihrer Küche abwaschen, denken Sie über das, was Sie tun, nicht einmal nach. Uns ist es angeboren, mit Flüssigkeiten umzugehen und Objekte zu erkennen, die nebeneinander, aufeinander und hintereinander stehen. Einem Roboter bereitet all das enorme Probleme. Hinzu kommt, dass es keine klaren Regeln für das Abwaschen gibt. Wir lassen uns zu sehr beeindrucken, wenn Maschinen Schach oder Go spielen und vom Chinesischen ins Englische übersetzen.

Nur weil uns solche Aufgaben schwerfallen, meinen wir, man benötige für sie eine besonders hohe Intelligenz?

Genau. Da haben wir unsere vielleicht größte Überraschung erlebt: Erst die künstliche Intelligenz machte uns bewusst, wie überaus komplex alltägliche Probleme sind. Die meisten Forscher auf dem Gebiet der künstlichen Intelligenz sind Männer. Viele von ihnen haben noch dazu einen Hang zum Asperger-Syndrom, eine Form von Autismus. Über viele Fragen denken diese Kollegen einfach nicht nach. Hätten wir mehr Frauen unter uns, wären wir zu einem umfassenderen Verständnis von Intelligenz gelangt.

Weiß eigentlich irgendjemand, was genau Intelligenz ist?

Nicht wirklich. Und die Arbeit an künstlicher Intelligenz fordert uns dazu heraus, über diese Frage nachzudenken. Hier ist ein kleines Rätsel: Eine Frau und ein Mann gehen zusammen im Wald Heidelbeeren pflücken. Er ist 20 Jahre alt, kann 10 Pfund Beeren pro Stunde pflücken, sie ist 18 und pflückt 8 Pfund pro Stunde. Mit wie viel Pfund kommen sie eine Stunde später nach Hause?

Vielleicht null – wenn sie Lust aufeinander haben.

Eben. Versuchen Sie einmal, diese Antwort von einer künstlichen Intelligenz zu bekommen!

Von meinem Sohn, der die dritte Klasse besucht, würden Sie die auch nicht bekommen. Er würde sagen: 18.

Wie eine künstliche Intelligenz, die das Rätsel als reine Rechenaufgabe versteht. Nun befürchten viele Menschen ja eine uns überlegene künstliche Intelligenz. Diese müsste alle Probleme lösen, die Menschen überhaupt lösen können. Von einer solch allgemeinen, umfassenden künstlichen Intelligenz sind wir weit entfernt.

Könnte man das System nicht klüger machen, indem man ihm beispielsweise Wissen über menschliche Psychologie einprogrammiert?

Genau das müsste man tun, um eine solche künstliche Intelligenz zu bekommen. Die Frage ist nur, wie weit müssen Sie gehen? Natürlich können Sie der Maschine beibringen, dass Frauen und Männer sich manchmal merkwürdig verhalten, wenn sie zusammen sind. Aber dann versagt Ihr System eben an einem anderen Problem. Sie müssten dem Rechner also alles beibringen, was ein erwachsener Mensch jemals über andere Menschen und die Welt gelernt hat. Der Computer müsste auch irgendwie wissen, wie all diese Dinge miteinander zusammenhängen.

Verglichen damit ist die Aufgabe, beim Go ein paar Dutzend Steine im Blick zu behalten, ein Witz.

Eben. Jedes Programm für eine solche allgemeine künstliche Intelligenz würde unübersehbar groß.

Und vielleicht würde es gar nicht reichen, eine künstliche Intelligenz mit allem Wissen der Welt auszustatten. Menschen lernen durch Erfahrung. Solange ein Rechner nur Brettspiele gewinnen soll, kann er diesen Weg gehen, indem er immer wieder gegen sich selbst und andere antritt. Aber müsste eine allgemeine künstliche Intelligenz nicht die Welt so erleben, wie wir Menschen es tun?

Ich bezweifle, dass sie das kann. Ein grundlegender Unterschied zwischen uns und Computern ist: Wir haben Bedürfnisse und verfolgen Ziele. Wir wollen überleben, gut leben, sorgen uns um andere. Maschinen dagegen kennen weder Bedürfnisse noch eigene Ziele. Ihnen ist alles egal. Sie tun nur das, was man ihnen beigebracht hat. Darum wird es auch nie so etwas wie einen moralischen Roboter geben.

Weil man nur dann einer Ethik folgen kann, wenn einem etwas wichtig ist?

Ja. Weil Maschinen indifferent sind.

Kann eine künstliche Intelligenz nicht mit der Zeit eigene Ziele entwickeln? Genau das ist doch die Befürchtung derer, die vor der künstlichen Intelligenz warnen: dass diese irgendwann die Weltherrschaft übernimmt.

Mir scheint, solcher Pessimismus verkennt, was intrinsische Motivation bedeutet. Echte Bedürfnisse kommen im Grunde daher, dass Organismen ihren Stoffwechsel regulieren und sich fortpflanzen müssen. Nur Lebewesen haben dieses Problem. Computer haben keinen Stoffwechsel. Darum werden sie nie so etwas wie eigene innere Antriebe haben. Wenn ich recht habe, wäre eine allgemeine künstliche Intelligenz, die alle Probleme bearbeiten kann, die der menschliche Verstand löst, dasselbe wie künstliches Leben. Natürlich mag ich mich irren.

Auch ich vermute, dass man so etwas wie einen Organismus braucht, um ein inneres Bedürfnis zu spüren. Darum wird künstliche Intelligenz keine eigenen Ziele verfolgen, solange sie sich, wie heute, auf die virtuelle Welt der Computernetze beschränkt. Aber muss das so bleiben? Können Sie sich keine künstlichen Organismen zum Beispiel aus Silizium vorstellen? Ich kenne keinen Grund, warum Organismen unbedingt aus Kohlenstoff und Wasser bestehen müssen, wie wir.

Ich auch nicht. Vielleicht war es einfach ein Zufall der Evolution, dass wir nun einmal aus Kohlenstoff bestehen. Dann mag es eines Tages auch eine in Silizium verkörperte künstliche Intelligenz geben. Vielleicht war es aber auch kein Zufall. Vielleicht hat Kohlenstoff bestimmte Eigenschaften, die ihn als Grundlage für Leben einzigartig machen. In diesem Fall werden sich die heutigen Computer nie in Maschinen mit einem eigenen Willen verwandeln.

Aber schaden kann künstliche Intelligenz uns auch dann, wenn sie keine eigenen Ziele verfolgt. Denken Sie an die Finanzmärkte. Da handeln Computerprogramme eigenmächtig mit Milliarden. Jedes dieser Programme soll nur möglichst viel Profit für den herausholen, der es auf die Welt losgelassen hat. Aber wenn immer schnellere und immer raffiniertere dieser autonomen Programme gegeneinander antreten, wird das Börsengeschehen unkontrollierbar. Es kommt zum Crash. Machen Ihnen solche Aussichten keine Angst?

Oh doch! Künstliche Intelligenz, sich selbst überlassen, hätte die Welt schon mehrmals vernichtet. Am 6. Oktober 1960 zum Beispiel meldete das amerikanische Frühwarnsystem einen Angriff sowjetischer Raketen auf die Vereinigten Staaten. Die angegebene Wahrscheinlichkeit war 99,9 Prozent. Die amerikanischen Bomber stiegen auf. Dass keine Atomwaffen auf Russland niedergingen, verdanken wir wahrscheinlich nur dem diensthabenden Offizier. Er gab die Information, dass die Frühwarnsysteme am Himmel etwas Unerwartetes ausgemacht hatten, nicht dem Präsidenten weiter. Was ihn abhielt, war eine Überlegung, zu der keine künstliche Intelligenz imstande war: Weil er wusste, dass sich die Sowjets in der letzten Zeit bei den Vereinten Nationen konziliant gezeigt hatten, glaubte dieser Offizier nicht an einen Angriff. Später stellte sich heraus: Was das System als russische Raketen interpretiert hatte, war der Mondaufgang über Grönland. Der kam für den Computer unerwartet, weil jemand vergessen hatte, Schaltjahre einzuprogrammieren.

Damals beruhte die künstliche Intelligenz wenigstens nur auf Programmen, die man Schritt für Schritt nachvollziehen konnte. Heute ist das anders. Die künstlichen neuronalen Netze, die inzwischen eingesetzt werden, folgen keiner nachvollziehbaren Logik. Sie verarbeiten Muster, wie das Gehirn, assoziativ. Wir begeben uns in die Abhängigkeit von Computern, deren Entscheidungen wir nicht verstehen.

Ja. Künstliche neuronale Netze ziehen Schlüsse aus Millionen Datensätzen, aber wir wissen nicht, wie sie es tun. Die Entwickler von AlphaGo beispielsweise waren völlig außerstande zu erklären, warum ihr eigenes Programm zu bestimmten Zeiten bestimmte Spielzüge wählte.

Ähnliche Technik wird bereits eingesetzt, um Hautkrebs zu diagnostizieren. Das künstliche neuronale Netz erkennt Tumoren auf der Haut zuverlässiger als der beste Dermatologe – auch da bleibt uns verborgen, aufgrund welcher Kriterien. Würden Sie sich von einem Computer eine Krebsdiagnose stellen lassen?

Wenn ein solches System nachweislich besser als Menschen arbeitet, ist es vernünftig, es zu verwenden. Was wäre denn die Alternative? Wir werden erleben, dass Ärzte sich eines Kunstfehlers schuldig machen und verklagt werden, wenn sie keine künstliche Intelligenz einsetzen.

Computer planen auch schon Therapien. Würden Sie sich von einer künstlichen Intelligenz behandeln lassen?

Das ist eine ganz andere Frage. Hier zählen nicht Fakten alleine. Bei einer ernsten Krankheit geht es keineswegs nur darum, wie viel länger ich voraussichtlich lebe, wenn ich statt eines bestimmten Medikaments ein anderes nehme und welche Nebenwirkungen ich dafür hinnehmen muss. Wenn eine Therapie etwa mein Leben um ein paar Jahre verlängert, mich aber als Pflegefall hinterlässt: Möchte ich dann, dass meine Kinder sich jahrelang um mich kümmern müssen? Oder bin ich bereit, in ein teures Heim umzuziehen? Solche Entscheidungen können nur Menschen treffen.

Allerdings könnte sich künftig auch eine Maschine Ihrer annehmen, wenn Sie ein Pflegefall sind. In japanischen Altenheimen sind schon Roboter im Einsatz.

Solange Roboter nur einer behinderten Person ein Sandwich aus dem Kühlschrank bringen, ist dagegen nichts einzuwenden. Aber mit großer Sorge sehe ich die sogenannten Konversationspfleger, die derzeit entwickelt werden, ebenfalls vor allem mit japanischem Geld. Das sind künstliche Intelligenzen, die Sprache verstehen und darauf programmiert werden, sich mit Senioren zu unterhalten.

Und alte Menschen, die sonst nur ein paar Minuten Aufmerksamkeit vom vielbeschäftigten Personal bekommen, nehmen das Angebot an. Sie erzählen der Maschine, die mit unendlicher Geduld zuzuhören scheint, ihre Erinnerungen, ihre Nöte. Sie teilen dem Computer ihre intimsten Geheimnisse mit. Ich finde solche Technik obszön.

Nicht nur alte Menschen fallen auf Maschinen herein, die vorgeben, ihre emotionalen Bedürfnisse zu stillen. Eine kalifornische Firma brachte zu Beginn dieses Jahres eine mit künstlicher Intelligenz ausgestattete Sexpuppe auf den Markt. Das Gerät namens »Harmony« soll mit seinem Benutzer plaudern und sich Vorlieben merken können. Es gibt auch regelmäßige wissenschaftliche Kongresse mit dem Titel »Sex and Love with Robots«. Werden wir uns in Roboter verlieben?

Zweifellos stecken manche Menschen schon in Gefühlsbeziehungen zu diesen Apparaten. Was sie erleben, mögen die Anwender für Liebe halten. Auf jeden Fall ist es sexuelle Besessenheit. Aber künstliche Intelligenzen sind völlig beziehungsunfähig. Diese Menschen werden betrogen. Solche Programme sind ein Angriff auf die Menschenwürde.

Was ist dagegen zu tun?

Schon vor gut zehn Jahren legte eine Arbeitsgruppe der British Computer Society Richtlinien für den Einsatz von künstlicher Intelligenz fest. Nach einer dieser Richtlinien dürfen Roboter nicht darauf programmiert werden, Menschen zu täuschen. Aber genau das wird geschehen. Hollywood ist Riesengeschäft, doch noch mehr Geld wird auf der anderen Seite der Hügel von Hollywood mit Pornos verdient. Unsere emotionalen Bedürfnisse machen uns sehr verletzlich.

Unsere vielleicht größte Angst ist die vor dem Tod. Aber Futurologen wie Ray Kurzweil versprechen, durch künstliche Intelligenz würden wir unsere Sterblichkeit überwinden. Künftig könnten wir unseren menschlichen Geist, unsere Erinnerungen, unsere Persönlichkeit in eine Datenwolke hochladen, wo sie ewig bestehen. Wünschen Sie sich solche Technik?

Ich vermisse meinen Vater schrecklich. Aber will ich zu Hause ein Ding haben, mit dem ich so reden kann wie früher mit ihm? Nein. Das wäre nicht er. Der Tod gehört zum menschlichen Dasein, wir müssen ihn akzeptieren.

Die Intelligenz der Bohnen

Der Botaniker Stefano Mancuso über Pflanzen, die sehen, lernen und einander nachahmen

Pflanzen erscheinen uns als beklagenswert passive Wesen. Widerspruchslos dulden Rosen und Rasen ihren Schnitt, und nicht einmal die moralischsten Zeitgenossen stören sich daran, eine Zwiebel in die Pfanne zu werfen. Kaum zufällig nennen wir ein auf sein äußerstes Minimum reduziertes Leben »dahinvegetieren«.

Neuerdings allerdings erklären immer mehr Biologen, sie hätten die Lebensform Pflanze weit unterschätzt. Pflanzen können untereinander, auch mit Tieren kommunizieren; es gab sogar Versuche, die zu belegen scheinen, dass Pflanzen lernen. Einer der radikalsten Vertreter dieser neuen Richtung ist Stefano Mancuso, Botanikprofessor an der Universität Florenz. Er spricht nicht nur vom Verhalten der Pflanzen, sondern auch von deren Intelligenz.

Das geht vielen seiner Kollegen zu weit. Wo kein Gehirn, dort auch keine Intelligenz, wenden sie ein. Und was meint Mancuso überhaupt, wenn er vom Verstand der Salatköpfe redet?

Mancuso, 1965 geboren, forscht in Gewächshäusern in einem Gewerbegebiet neben dem Flughafen von Florenz. Er empfing mich in einem kleinen Büro, dessen Wände mit alten botanischen Stichen vollgehängt waren. Auf dem Schreibtisch stand eine Zimmerpflanze, die mir als anspruchslose Supermarktware bekannt vorkam. Es handle sich um *Zamioculcas zamiifolia*, erklärte der Botaniker, eine Glücksfeder.

Herr Mancuso, haben Sie eine Lieblingspflanze?

Die Bohne. Eigentlich alle Kletterpflanzen. Sie sind sehr aktiv. Das macht es uns leicht, ihr Verhalten zu beobachten, wenn sie wachsen, nach Halt suchen, und so weiter. Und sie sind schlau. Ein Baum braucht viel Energie, um einen Stamm zu bilden und sich zum Licht zu strecken. Kletterpflanzen sind viel effizienter. Sie benutzen die Gegenwart anderer Pflanzen, um nach oben zu kommen. Ich sehe darin ein Zeichen von Intelligenz. Übrigens haben wir die Vielfalt der Kletterpflanzen auf der Erde bisher weit unterschätzt, ständig werden neue Arten entdeckt.

Eine besonders erstaunliche Kletterpflanze haben Kollegen von Ihnen vor drei Jahren in Chile gefunden.

Boquila trifoliata. Eigentlich ist die Art schon lange bekannt. Man isst die Beeren. Aber vor drei Jahren fanden zwei chilenische Botaniker bei einer Tour im Regenwald ungewöhnliche Blätter. Sie dachten, sie hätten eine neue Art gefunden, doch es war eine *Boquila*, die unterschiedliche Blätter trug. Es gab helle und dunkle, runde und spitze Blätter, manche Blätter waren zehnmal größer als andere. Aber all diese Blätter wuchsen an ein und derselben Pflanze! Wie eine Ranke von *Boquila* belaubt ist, hing von dem Baum ab, an dem diese Ranke sich hochwand. Wahrscheinlich schützt *Boquila* sich so vor Fressfeinden.

Wie sich ein Chamäleon dem Hintergrund anpasst.

Ja, aber viel besser. *Boquila* übernimmt eben nicht nur Farben, sondern auch Formen. Das ist einzigartig. Sehen Sie sich dieses Foto an: Hier rankt sich *Boquila* an einem Strauch hoch, dessen Blätter in einer Spitze enden. Die Pflanze versucht, diese Stacheln zu imitieren. Es gelingt nicht so recht. Aber den Ansatz einer Spitze bringt *Boquila* zustande. Ist das nicht rührend?

Ich finde es eher unglaublich. Wie macht die Pflanze das?

Das Wachstum der Blätter ist genetisch gesteuert. Offenbar kann *Boquila* die Funktion ganzer Gensequenzen manipulieren. Wie das geschieht, ist uns ein Rätsel.

Und woher weiß Boquila, wie die Trägerpflanze aussieht? Was geschieht zum Beispiel, wenn man sie an einer Pflanze hochwachsen lässt, die Boquila nicht kennt?

Wir haben es ausprobiert. Hier in der Umgebung von Florenz leben viele Chinesen, die mit allem möglichen Plastikzeug handeln. Wir haben ein paar Phantasiepflanzen aus Plastik besorgt und *Boquila* sich daran hochranken lassen. Und siehe da: *Boquila* versuchte die Formen von Blättern zu imitieren, die es in der Natur gar nicht gibt. Die plausibelste Erklärung ist, dass *Boquila* sieht.

Eine Pflanze, die Formen erkennt? Ihre Theorie erscheint mir schwer vorstellbar.

Es ist nicht meine Theorie. Gottlieb Haberlandt, ein berühmter Botaniker an der Berliner Universität, hat schon zu Beginn des 20. Jahrhunderts behauptet, dass Pflanzen Muster wahrnehmen. Dass sie Photorezeptoren besitzen, also Sensoren für Licht, ist ja kein Geheimnis. Haberlandt wusste auch, dass die Zellen der obersten Schicht jedes Blattes, der Epidermis, nahezu transparent und außerdem konvex sind. Er vermutete, dass diese Zellen wie Linsen funktionieren.

Dann wäre jedes Blatt sozusagen von Millionen Augen übersät.

Erst im vorigen Jahr wurde bekannt, dass bestimmte Einzeller, Cyanobakterien, ihre Zellwand als Linse verwenden, und die Herkunft eines Lichtstrahls wahrnehmen können.

Die Glücksfeder hier auf Ihrem Schreibtisch – am Ende sieht sie mich an! Im Ernst, vom Empfang eines Lichtstrahls zum Erkennen von Bildern ist es ein riesiger Schritt. Unser halbes Großhirn ist mit dem Auswerten optischer Information beschäftigt. Konnten Sie herausfinden, wie Boquila, ein Wesen ohne Gehirn, Muster erkennen soll?

Leider nicht. *Boquila* gedeiht in unserem Klima nicht gut. Wir mussten die Versuche einstellen. Ich sage ja auch nicht, dass unsere Hypothese mit Sicherheit stimmt. Aber es lohnt sich, der Frage nachzugehen. Man müsste die Plastikpalmen in den chilenischen Regenwald bringen und dort experimentieren.

Warum hat es nicht schon längst jemand getan? Boquila scheint ja alles andere als selten zu sein. Warum überhaupt wurden die erstaunlichen Fähigkeiten dieser Pflanze erst vor drei Jahren entdeckt?

Weil niemand sich so etwas vorstellen konnte. Die Menschen haben Pflanzen seit jeher unterschätzt. Nehmen Sie die Tatsache, dass Pflanzen dem Licht, Nährstoffen und Wasser entgegen wachsen. Sie wurde erst spät im 19. Jahrhundert untersucht.

Dabei hätte jeder Bauer sehen können, dass es so ist!

Eben. Aber wir stellen uns die Pflanzen als simple Maschinen vor. In Wirklichkeit sind sie höchst komplexe Organismen. Darum sind wir so oft blind für ihr Verhalten.

Wann haben Sie begonnen, Pflanzen mit anderen Augen zu sehen?

Während meiner Doktorarbeit. Ich sollte untersuchen, wie Wurzeln einem Hindernis ausweichen. In den Lehrbüchern heißt es, dass die Wurzel ihre Wuchsrichtung ändert, wenn ihre Spitze auf einen Widerstand stößt. Ich baute mir also einen schmalen Glasbehälter und füllte ihn mit Erde, so dass ich den Wuchs mit einer Zeitrafferkamera verfolgen konnte. Dabei stellte ich fest: Die Wurzel berührt das Hindernis nie. Sie ändert nämlich schon viel früher ihre Richtung. Mehr noch, die Pflanze umging das Hindernis auf dem kürzesten Weg. Das war für mich eine Offenbarung.

Was hat sich Ihnen offenbart?

Auch ich hatte mir Pflanzen bis dahin als Automaten gedacht. Jetzt aber sah ich: Die Pflanze traf eine Entscheidung – eine intelligente Entscheidung! Eine einzelne Wurzel hat so etwas wie eine Vorstellung von ihrer Umgebung, sie ist sich ihrer Welt bewusst. Ich verwende dieses Wort nicht zufällig.

Glauben Sie, Pflanzen haben eine Seele?

Ich weiß nicht, was das ist, eine Seele.

Nehmen wir einmal an, wir Menschen hätten eine. Würden Sie dann Pflanzen ebenfalls eine zubilligen?

Wenn die Seele etwas mit Intelligenz zu tun hat: ja. Natürlich sind Pflanzen nicht auf dieselbe Art intelligent oder bewusst wie Sie oder ich. Trotzdem wissen sie, wie ihre Umgebung beschaffen ist, und dass es einfacher sein kann, ein Hindernis links als rechts herum zu umsteuern. In der Wurzelspitze sitzen Sensoren für mindestens 20 physikalische und chemische Parameter: Gravitation, mechanischer Druck, Feuchtigkeit, Nährstoffkonzentrationen und so weiter. Die Pflanze wertet diese Information aus, um eine Entscheidung zu fällen.

Ich würde eher von Informationsverarbeitung als von Intelligenz und Entscheidungen sprechen. Genauso, wie Sie es beschreiben, verarbeitet auch ein Roboter oder ein selbstfahrendes Auto Daten aus ihrer Umgebung.

Aber ein Automat tut unter gleichen äußeren Umständen immer dasselbe. Das Verhalten einer Pflanze dagegen können Sie nicht so leicht vorhersagen. Es hängt nämlich auch von ihrem inneren Zustand ab. Wenn es ihr an Wasser mangelt, wird sie ihr Wurzelwachstum anders ausrichten, als wenn sie Phosphor braucht. Das nenne ich Intelligenz: Die Fähigkeit, Probleme zu lösen. Und Pflanzen bewältigen ihre Schwierigkeiten überragend gut. Darum sind sie intelligent.

Sie fassen den Begriff »Intelligenz« sehr weit. Vor ein paar Jahren veröffentlichte die Fachzeitschrift »Trends in Plant Science« einen Brandbrief. Darin warfen 30 teils sehr renommierte Botaniker Ihnen vor, ein Schaumschläger und unwissenschaftlich zu sein. Wie fühlt man sich nach einem solchen Angriff?

Eine Zeitlang musste ich mich zwingen, auf Konferenzen zu gehen, weil ich fürchtete, dass man mich auslachen würde. Nichts dergleichen geschah. In dem Pamphlet heißt es, ich hätte gesagt, Pflanzen haben ein Gehirn. So einen Unsinn habe ich nie behauptet. Wie sich herausstellte, haben viele Unterzeichner meine Veröffentlichungen gar nicht gelesen. Einige haben sich inzwischen bei mir entschuldigt.

Pflanzen haben auch keine Nervenzellen, keine Neuronen. Trotzdem nennen Sie Ihr Institut »Internationales Labor für Pflanzenneurobiologie«. Ich kann die Irritation der Kollegen verstehen.

Zugegeben, das war eine Provokation. Wir wollten damit sagen: »Schaut her, Pflanzen haben im Prinzip die gleiche Ausstattung wie Tiere.«

In welchem Sinn?

Neuronen verarbeiten elektrische Signale, um Verhalten zu steuern. Wie die Zellen von Pflanzen. Die Tätigkeit des Gehirns beruht auf einer elektrischen Erregung seiner Neuronen, dem Aktionspotential. Eben diese Aktionspotentiale fanden wir in den Wurzelspitzen von Pflanzen. Und wir konnten zeigen, dass dadurch ebenfalls Information verarbeitet wird.

Aber Neuronen, aus denen das Gehirn aufgebaut ist, sind auf Informationsverarbeitung spezialisiert. Sie können mehr als gewöhnliche Zellen. Ich habe mich vor einiger Zeit mit einem Hirnforscher unterhalten, der seit Jahrzehnten Bienen untersucht und an ihnen erstaunlich komplexe geistige Fähigkeiten festgestellt hat. Er war sofort bereit, Insekten Intelligenz und sogar Bewusstsein zuzugestehen, nicht aber Pflanzen. Sein Argument: Pflanzen fehlt ein Gehirn.

Ich behaupte nicht, Pflanzen seien genauso intelligent wie Tiere. Aber es ist ein Irrtum zu meinen, man bräuchte ein Gehirn, um intelligent zu sein. In der Biologie denken viele noch immer wie die Astronomen vor 600 Jahren: Wir halten uns für den Mittelpunkt der Welt. Und wir glauben, alle Lebewesen müssten so funktionieren wie wir. Wir halten uns für die Krone der Schöpfung, sind aber eigentlich nur eine Randerscheinung auf unserem Planeten. 90 Prozent der Biomasse auf der Erde sind Pflanzen, wir Menschen dagegen gerade ein Zehntel Promille. Es ist Zeit für eine kopernikanische Revolution in der Biologie.

In den letzten Jahren sind mehrere Veröffentlichungen erschienen, wonach Pflanzen sogar lernen könnten, auch Sie haben daran geforscht. Wie lernt man ohne Nervensystem?

Meine Leidenschaft für alte Bücher über Pflanzen brachte mich auf die Idee für ein Experiment. Mir fiel ein Band aus den Jahren nach der Französischen Revolution in die Hände, in dem der Pariser Biologe Jean-Baptiste Lamarck kuriose Versuche beschreibt, bei denen er Mimosen mit einer Kutsche in Paris herumfahren ließ. Mimosen klappen ja bei der leisesten Erschütterung die Blätter zu. Aber nach einiger Zeit hatten Lamarcks Pflanzen ihre Blätter wieder geöffnet, als hätten sie verstanden, dass keine Gefahr drohte.

Wozu dient das Schließen der Blätter?

Die Mimose vertreibt so Insekten, die an ihr fressen. Aber die Bewegung kostet die Pflanze viel Energie. Wir bauten also einen Apparat, mit dem wir 500 Blumentöpfe immer wieder ein paar Zentimeter herunterfallen lassen konnten. Anfangs klappen die Mimosen zu. Aber nach dem fünften oder sechsten Sturz blieben die Blätter offen.

Waren die Pflanzen ermüdet?

Nein. Wenn wir die Blätter berührten, erschraken sie wie gewohnt. Sie hatten gelernt, harmlose von möglicherweise gefährlichen Reizen zu unterscheiden. Und sie haben sogar ein Langzeitgedächtnis. Nachdem wir die Mimosen zwei Monate lang in Ruhe gelassen hatten, kannten sie den Unterschied noch immer!

Gehirne speichern Erinnerungen, indem sich die Verknüpfungen zwischen Neuronen verändern. In Pflanzen kann das so nicht funktionieren. Sie haben ja keine Neuronen.

Ihr Gedächtnis arbeitet völlig anders. Vermutlich ändert sich die Weise, wie die Gene im Zellkern abgelesen werden. Man spricht von epigenetischen Veränderungen. Statt die Erinnerungen in einem zentralen Gehirn aufzubewahren, hat jede Zelle ihr eigenes Gedächtnis. Jede Zelle ist so etwas wie ein Neuron.

Aber die Zelle für sich wird kaum herausfinden können, welche Reize gefährlich sind. Eben um solch komplizierte Informationen zu verarbeiten, sind in unserem Nervensystem viele Neuronen miteinander verschaltet. Nichts dergleichen gibt es in Pflanzen.

Trotzdem durchqueren elektrische Signale die Pflanze, wenn ein Insekt an ihr beißt, oder wenn man sie schneidet. Die Pflanze weiß also, dass sie bedroht ist, und verteidigt sich, meist indem sie für Insekten unverdauliche Proteine produziert. Aber Sie haben recht: Wie diese Signale verarbeitet werden, bleibt ein Mysterium.

Meinen Sie, die Pflanze empfindet so etwas wie Schmerz?

Das glaube ich nicht. Was hätte sie davon? Schmerz ist für Tiere nützlich, weil sie weglaufen können. Aber Pflanzen können nicht fliehen. Sie müssen es auch nicht, weil ihr Organismus ganz anders aufgebaut ist. Tiere haben für die meisten Lebensfunktionen nur ein einziges Organ. Das macht Tiere verwundbar, denn sobald ein einziges Organ beschädigt ist, ist ihr Leben in Gefahr. Pflanzen dagegen sind modular organisiert. Jedes Organ in ihren Blättern, Stämmen und Wurzeln gibt es in riesiger Zahl.

Pflanzen sind dafür gemacht, gefressen zu werden.

Ja. Das macht ihren enormen Erfolg aus. Sie können 90 Prozent einer Pflanze vernichten, trotzdem lebt sie fort. Manche können Sie auch in tausend Stücke teilen. Dann wachsen tausend neue Pflanzen daraus.

Würden Sie eine Pflanze ein Individuum nennen?

Darauf haben wir keine wissenschaftliche Antwort. Ich persönlich betrachte sie eher als Kolonien. Am ehesten ähneln Pflanzen einem Ameisenvolk. Es sind Organismen, die sich zusammengeschlossen haben und die als Gruppe das Leben bestehen.

Ob sie uns deswegen so fremd sind? In ihrem faszinierenden Roman »Die Vegetarierin« erzählt die koreanische Schriftstellerin Han Kang die Geschichte einer Frau, die sich in einen Baum verwandeln will und scheitert. Aber die Autorin scheitert auch. Ihr gelingt es nicht zu beschreiben, wie es ist, eine Pflanze zu sein.

Wir sehen Pflanzen immer aus der Perspektive eines Tiers, weil wir selbst Tiere sind. Tiere bewältigen die Probleme, die ihre Umgebung ihnen stellt, indem sie sich bewegen. Wenn die gewohnte Wasserstelle austrocknet, dann suchen sie eben eine andere auf. Eigentlich lösen wir unsere Probleme nie. Wir laufen ihnen davon. Pflanzen dagegen lösen Probleme, weil sie in ihrer Umwelt gefangen sind. Wenn kein Wasser da ist, müssen sie welches finden. Und wenn sie angegriffen werden, müssen sie sich verteidigen. Sie leben nach einem völlig anderen Prinzip.

Als Forscher müssen Sie sich in Ihre Untersuchungsgegenstände hineindenken. Wie machen Sie das?

Ich versuche, mir die Probleme der Pflanze vorzustellen. Am einfachsten gelingt das mit der Wurzel. Pflanzen bestehen ja aus einem überirdischen und einem unterirdischen Teil, die ganz unterschiedlich funktionieren. Der unterirdische Teil muss nach Wasser und Nährstoffen suchen, wie ein Tier. Das können wir begreifen. Darum fällt es uns leichter, mit der Wurzel zu experimentieren.

Trotzdem muss es möglich sein, die ganze Pflanze zu verstehen. Physikern gelingt es schließlich auch, sich von der nun wahrlich sehr fremden Welt der Elementarteilchen eine Vorstellung zu machen.

Nun, Physiker haben Begriffe und sogar mathematische Formeln für die unglaublich komplizierten Dinge, die sich in Atomen abspielen. Aber für das Leben und das Verhalten der Pflanzen haben wir noch keine Begriffe. Sehen Sie sich einmal die jungen Sonnenblumen in diesem Zeitrafferfilm hier an. *(Mancuso klickt ein Video auf seinem Laptop an.)* Es sind wilde Sonnenblumen, also nicht die gezüchtete Form. Wie würden Sie das, was Sie sehen, beschreiben?

Die Blüten und Stängel drehen sich unregelmäßig im Kreis. Als würden sie etwas suchen: vielleicht Licht oder Wasser.

Nein, das tun sie nicht. Sie haben Licht und Wasser genug. Ich sage, sie spielen.

Das meinen Sie nicht ernst.

Doch. Es hört sich natürlich verrückt an. Und doch trifft das Wort »spielen« das, was die Pflanzen hier tun, von allen Begriffen, die mir einfallen, am besten. Tierkinder spielen, um soziale Beziehungen aufzubauen …

… und um zu lernen.

Die jungen Sonnenblumen hier tun genau das: Sie versuchen, ihre Umgebung und einander kennenzulernen, um herauszufinden, wie sie zusammenleben können. Es sind soziale Pflanzen.

Soziale Pflanzen?

Ja. Noch eine Schwierigkeit, die wir haben, wenn wir über Pflanzen nachdenken: Wir werden ihrer Vielfalt nicht gerecht. Die biologischen Unterschiede zwischen einem Farn und einem Mammutbaum sind riesig, wie die zwischen Schnecke und Mensch. Niemand käme auf die Idee, vom Verhalten einer Schnecke auf das eines Menschen zu schließen, obwohl beide dem Tierreich angehören. Aber bei Pflanzen tun wir genau das. Dabei gibt es soziale und nicht soziale Pflanzen, zum Beispiel. Wenn Sie eine wilde Sonnenblume einzeln aufziehen und dann als Erwachsene zu anderen setzen, wird sie normalerweise eingehen. Denn sie hat nie gelernt, zu kommunizieren.

Worüber unterhalten sich Sonnenblumen?

Sie tauschen jede Menge Information aus, die ganze Zeit. Es geht vor allem um Stress, etwa durch Insektenangriffe oder Veränderungen in der Umwelt. Darüber tauschen sich soziale Pflanzen aus, indem sie flüchtige Substanzen herstellen.

Düfte.

Genau. Wird eine Pflanze irgendwo angefressen, produziert sie anfangs nur so viel Geruchsstoff wie nötig, um eine Abwehrreaktion der benachbarten Blätter auszulösen. Energie sparen ist für Pflanzen alles. Geht der Angriff weiter, werden alle Blätter der Pflanze gewarnt. Und zieht der Fressfeind dann immer noch nicht ab, strömen soziale Pflanzen einen Duft aus, um die Artgenossen zu alarmieren. Merkwürdigerweise kann es sich um ganz unterschiedliche Gerüche handeln. Der Duft zur Warnung der eigenen Blätter enthält eine Information darüber, welches Insekt angreift. Die Substanz dagegen, die manche Pflanzen für Artgenossen freisetzen, sagt nur, dass Insekten angreifen, aber nicht welche. Und schließlich gibt es noch weniger spezifische Gerüche, mit denen sogar Pflanzen anderer Arten etwas mitgeteilt werden kann. Die Botschaft ist dann nur: Es gibt ein Problem.

Als ob diese Pflanze über Vokabulare für verschiedene Adressaten verfügt.

Sie haben eine Sprache, wenn Sie so wollen. Und mehr noch: Innerhalb der Duftsprache jeder Art gibt es Dialekte – so, wie die Menschen hier in Florenz toskanisch sprechen, aber in Sizilien, wo meine Familie herkommt, ganz anders. Erst vor ein paar Monaten hat einer meiner Doktoranden in einer Veröffentlichung gezeigt, das sich auch Pflanzen unterschiedlich ausdrücken, je nachdem, woher sie kommen. Sie haben mit Steppenbeifuß in verschiedenen Gegenden Kaliforniens experimentiert. Wenn Insekten einen solchen Strauch angreifen, gibt er ein Warnsignal ab. Diese Ausdünstung haben mein Doktorand und seine Kollegen eingefangen und dann auf andere Sträucher einwirken lassen. Pflanzen in der Nachbarschaft des Fraßopfers begriffen die Warnung sehr gut und wussten sich zu schützen. Doch wenn Steppenbeifuß, der in Südkalifornien wächst, dem Duftsignal eines Artgenossen aus Nordkalifornien ausgesetzt wurde, reagierte er schwächer. Und umgekehrt. Offenbar haben Pflanzen aus unterschiedlichen Regionen Verständnisprobleme. Vor zehn Jahren hätte niemand darüber zu reden gewagt, dass Pflanzen Dialekte haben. Heute können Sie so etwas in einer angesehenen Fachzeitschrift veröffentlichen.

Sie glauben, dass das Denken über Pflanzen sich ändert?

Unbedingt. In der Wissenschaft dauert solch ein grundsätzlicher Sinneswandel normalerweise eine Generation. Die älteren Kollegen werden nie davon zu überzeugen sein, dass Pflanzen komplexer sind als eine Maschine. In der Gesellschaft sind neuerdings immer mehr Menschen bereit, Tieren Rechte zuzugestehen. Noch schneller, scheint mir, verbreitet sich ein Bewusstsein dafür, dass wir Pflanzen auf eine ethisch vertretbare Weise anbauen sollten.

Was verstehen Sie darunter?

Die Landwirtschaft, wie wir sie heute betreiben, ist sehr primitiv. Wir behandeln Pflanzen als bloße Produktionsmittel, nicht als lebende Organismen. Statt ihre natürlichen Fähigkeiten zu nutzen und sie so zum Wachstum zu verführen, knallen wir sie mit Dünger zu und töten alles Leben in ihrer Umgebung.

Wenn man auf Pestizide und Herbizide verzichtet, sinken die Erträge.

Heute tun sie das. Aber die Landwirtschaft, wie wir sie momentan betreiben, ist sehr primitiv. Weder Ökolandbau noch die industrielle Landwirtschaft beruhen auf wissenschaftlicher Erkenntnis darüber, was Pflanzen können.

Pflanzen werden nämlich von alleine mit jeder Bedrohung fertig, die man sich vorstellen kann. Gerade die industrielle Landwirtschaft hat gezeigt, wie enorm widerstandsfähig sie sind. Da werden also zur Unkrautvernichtung weltweit mehr als 800 000 Tonnen Glyphosat auf die Äcker gespritzt, eines der stärksten Pflanzengifte, die es gibt. Und was wächst dann? Fuchsschwanz, eine unerwünschte krautige Pflanze, der selbst der enorme Stress durch Glyphosat nichts mehr anhaben kann. Sie ist resistent geworden.

Weil der Fuchsschwanz mutiert ist und sich so dem Gift angepasst hat. Solche spontanen Genveränderungen dauern Jahre. Darauf kann der Bauer nicht warten.

In diesem Fall musste der Fuchsschwanz erst eine Resistenz gegen einen neuen Stress bilden. Aber gegen die meisten Bedrohungen besitzen Pflanzen längst Abwehrmechanismen. Wir müssen nur lernen, diese zu steuern. Dann würde es genügen, ein paar Moleküle der richtigen Duftstoffe zu verteilen, um bei Bedarf diese Abwehr hochzufahren. Pestizide und Herbizide sind überflüssig.

Würde das in den heutigen Monokulturen funktionieren?

Nein. Die hochgezüchteten Pflanzen der industriellen Landwirtschaft haben ihre natürliche Fähigkeit, sich zu verteidigen, verloren. Die Lebensmittel würden wohl etwas teurer.

Mir gibt auch die Sache mit den Duftdialekten zu denken: Wenn man es den Pflanzen selbst überlässt, sich zu schützen, tun sie es an unterschiedlichen Orten auf unterschiedliche Weise. Ein Bauer in Brandenburg müsste dann seinen Mais anders anbauen als einer in Mecklenburg. Vielleicht bräuchte er auch andere Sorten.

So ist es. Heute vertreiben Konzerne ihr Saatgut weltweit. Der brandenburgische Bauer sät also Körner aus, die in Kalifornien hergestellt werden. Auch das ist verrückt: Die Pflanzen, die in der Mark Brandenburg wachsen, sind perfekt kalifornischen Gegebenheiten angepasst. Mit den Umständen in Mitteleuropa dagegen kommen sie nicht klar …

… und sind nur mit Chemie lebensfähig.

Ja. Alles ist in der heutigen Landwirtschaft falsch. Alles. Unser Umgang mit Pflanzen vergiftet nicht nur die Erde – er gefährdet auch noch uns selbst.

Warum?

Weil wir von immer weniger Pflanzen immer abhängiger werden. In der Steinzeit haben die Menschen regelmäßig mehr als 200 verschiedene Pflanzen gegessen. Heute decken wir 70 Prozent unseres Kalorienbedarfs mit nur noch drei Arten – Weizen, Reis, Mais. Entweder nehmen wir ihre Energie direkt zu uns, oder im Fleisch von Tieren, an das Getreide verfüttert wurde. In den Vereinigten Staaten ist es noch schlimmer. Wenn Sie den Kohlenstoff in den Körpern der Amerikaner analysieren, stellen Sie fest: Er kommt zu 70 Prozent aus Mais. Und während früher Tausende Varianten einer Art angebaut wurden, stehen heute Klone auf den Feldern – genetisch identische Pflanzen.

So funktioniert industrielle Produktion: durch Standardisierung.

Schön. Und wenn ein Schädling, dessen wir nicht Herr werden können, die Klone befällt? Dann sind wir verloren. Als im Mittelalter die Pest in Europa wütete, haben immerhin zwei Drittel der Infizierten überlebt, weil Menschen genetisch verschieden sind. Aber genetische Unterschiede existieren bei unseren Feldpflanzen nicht mehr. Ein einziger Schädling kann sie alle vernichten. Wir meinen, unsere Ernährung sei sicher. Das ist gefährlich naiv.

Wenn die Ware, die dann im Supermarkt landet, wenigstens schmecken würde! Stattdessen bekommen wir Brot wie Pappe, Erdbeeren frei von Aroma.

Wenn wir die Vielfalt verlieren, verlieren wir eben auch die Aromen. Manche Geschmacksnoten sind jüngeren Menschen gar nicht mehr vertraut. Ich zum Beispiel esse gern bitter. Aber man muss den Geschmack schätzen lernen, indem man sich an ihn gewöhnt. Wir haben hier im Labor Experimente mit meinen Studenten gemacht. Für sie sind schon winzige Mengen an Bitterstoffen unangenehm, die ich gar nicht bemerke.

Und weil sich der menschliche Geschmack dem anpasst, was er bekommt, merken wir gar nicht, wie wir verarmen.

Ja. Kurz bevor meine sizilianische Großmutter fast hundertjährig starb, erzählte sie mir, sie könne keine Tomaten mehr essen. Schau mal, Stefano, sagte sie, sie machen etwas Komisches mit den Tomaten. Diese Früchte hier sehen nur noch aus wie Tomaten. Aber es sind keine mehr.

Trotzdem habe ich Hunger. Lassen Sie uns etwas essen gehen.

Gerne. Ein Freund von mir betreibt ein Slowfood-Restaurant.

Die Biene weiß, wer sie ist

Der Neurobiologe Randolf Menzel über das Denken mit einem winzigen Hirn

Können Tiere denken? Viele Hundebesitzer sind überzeugt, dass ihr Gefährte vieles versteht, auch Gefühle empfindet. Aber Insekten halten die meisten Menschen für Wesen ohne Geist und Verstand – lebende Automaten. Vielleicht urteilen wir so, weil diese Tiere uns so fremd sind, oder auch, weil wir uns kaum vorstellen können, wie ein Hirn kleiner als ein Sesamkorn denken soll. Randolf Menzel, geboren 1940 im Sudetenland, untersucht seit fünf Jahrzehnten das Gehirn der Biene. Er gilt als Autorität auf dem Gebiet der tierischen Intelligenz und zugleich als einer der bedeutendsten Hirnforscher in Deutschland. Wir trafen uns in seinem Labor am Neurobiologischen Institut der Freien Universität Berlin.

Herr Menzel, Sie haben Ihr Leben mit Bienen verbracht. Wie kamen Sie dazu?

Schon mein Urgroßvater war Zoologe und mein Großvater auch. Er hatte sich im Jahr 1900 ein Leitz-Mikroskop gekauft. Mein Großvater war noch Student und musste für sein Instrument lange sparen. Es war aus Messing und wunderschön, und es lag in einem herrlichen Kasten. Als die Familie aus dem Sudetenland floh, rettete mein Großvater sein Mikroskop in den Westen. Als er starb, vermachte er es demjenigen seiner Enkel, der einmal Zoologe werden sollte. Obwohl ich erst 15 war, bestand meine Mutter darauf, dass ich das Instrument erbte. Ich hatte damals einen Teich im Garten gegraben. Und gerade als ich das Mikroskop bekommen hatte, färbte sich der ganze Teich rot. Ich betrachtete das Wasser durch das Mikroskop und erkannte nicht nur die blühenden Algen darin, sondern auch Plankton und viele andere Tiere. Da war ich gefangen.

Wovon?

Von dieser ganz anderen Welt. Ich studierte also Biologie und schlug meinem Professor eine Doktorarbeit darüber vor, wie Rädertierchen lernen. In deren glasklaren Körpern können Sie nämlich jede einzelne Nervenzelle erkennen. Aber der Professor hielt mich für etwas verrückt …

… weil er sich nicht vorstellen konnte, dass Rädertierchen ein Gedächtnis haben.

Genau. »Was sollen diese Planktonorganismen schon lernen?«, fragte er. »Die treiben doch nur im Wasser herum.« Immerhin schickte er mich zu einem Kollegen nach Frankfurt. Der erklärte, Plankton interessiere ihn nicht. Aber wenn ich über Lernen und Gedächtnis arbeiten wolle, könne ich es ja mit Bienen versuchen.

Nun vermuten wohl die wenigsten Menschen in Bienen Intelligenz.

Bienen sind verdammt gescheit. Sie lernen ungeheuer schnell. Und sie sind zuverlässig. Sie sind eigentlich die idealen Versuchstiere für eine Dressur. Einmal habe ich drei Wochen lang mit einer einzigen Biene gearbeitet. In der Zeit hat sie etwa 25 000 Entscheidungen getroffen.

Woher wissen Sie, dass es immer dieselbe Biene war?

Wir kleben ihnen Nummern auf den Rücken. Sonst könnten wir sie nicht auseinanderhalten. Eine interessante Frage ist übrigens, ob sie sich gegenseitig erkennen.

Glauben Sie das? In einem Bienenstaat leben 50 000 und mehr Tiere zusammen.

Ich weiß es nicht. Bestimmte Holzwespen erkennen einander. Im Bienenstaat kennt sicher nicht jedes Tier jedes. Aber das Volk gliedert sich in einige hundert Gruppen. Und die Gruppen können einander ganz eindeutig an ihrem Duft unterscheiden. Der Oberkörper jeder Biene ist mit einer Wachsschicht überzogen, die Duftstoffe enthält. Und wenn die Bienen einander betasten, nehmen sie diese Information auf. Sie haben vorne an ihren Antennen ja ein sehr aktives Geruchsorgan. Bienen merken auch, ob eine andere alt oder jung, hungrig oder satt ist.

Was bringen Sie den Bienen nun bei?

Verschiedene Regeln. Zum Beispiel, ob etwas gleich oder verschieden ist. Die Biene fliegt durch ein Türchen und sieht dann eine blaue oder eine gelbe Marke. Jetzt muss sie sich entscheiden, ob sie zu einer weiteren blauen oder zu einer gelben Marke hinfliegen will. Wenn die Farben der nacheinander gesehenen Marken verschieden sind, bekommt sie Zuckerwasser, sonst nicht. Das findet sie schnell heraus. Jetzt können Sie grüne und violette Marken nehmen, und wieder wird sich die Biene richtig entscheiden. Sie hat die Regel verstanden. Oder man lässt die Farben ganz weg und verwendet stattdessen verschiedene Muster. Oder Düfte. Denn hat die Biene die logische Operation »gleich oder ungleich« erst einmal mit Farben oder Mustern gelernt, überträgt sie ihr Wissen sogar auf Gerüche.

Es kommt also gar nicht mehr darauf an, was gleich oder ungleich ist. Die Biene schließt von dem, was sie konkret gesehen hat, auf ein Prinzip.

Sie kann abstrakt denken: Diesen Schluss muss man ziehen, wenn man die in der Tierpsychologie übliche Terminologie verwendet.

Mich erinnert Ihr Versuch daran, wie Schüler Mathematik lernen. Erst zählen sie Bonbons und Äpfel. Dann ersetzen sie die Dinge, die sie anfassen können, durch eine Zahl. Und irgendwann in der Mittelstufe führt der Lehrer Variable ein, Buchstaben, die für irgendeine Zahl stehen können. Jetzt müssen die Schüler logische Prinzipien verstehen. Können auch Bienen Mathe lernen?

In einem Versuch haben wir ihnen Zelte auf die Flugstrecke gestellt. Wenn sie Nektar sammeln, fliegen Bienen ja auf möglichst geradem Weg zwischen Futterquelle und ihrem Stock hin und her. Wir gewöhnten sie erst daran, dass es nach dem dritten Zelt Zucker gibt. Also suchten sie bald nach dem dritten Zelt nach Futter – auch wenn wir die Zelte weiter auseinander rückten oder ihren Abstand verringerten.

Sie behaupten, die Bienen können zählen?

Bis drei vielleicht. Sie entwickeln jedenfalls eine Vorstellung von Mengen – so ähnlich wie ein Kleinkind. Überhaupt haben sie erstaunlich viele unserer geistigen Fähigkeiten. Wenn Sie zwischen der Lernfähigkeit der Bienen und unserer eigenen grundlegende Unterschiede finden wollen, dann müssen Sie schon sehr genau hinschauen.

Sie vergleichen Ihren eigenen und meinen Verstand mit dem einer Biene? Üblicherweise heißt es doch, nur Menschen denken. Insekten sieht man eher als ein Roboterchen. Was antworten Sie auf den Vorwurf, die Bienen zu vermenschlichen?

Natürlich sind Insekten in vieler Hinsicht anders als wir. Zum Beispiel würde ich nie sagen, die Bienen hätten eine »Sprache«. Wenn sie ihren Schwänzeltanz aufführen, geben sie zwar Flugziele bekannt …

… indem sie vor ihren Schwestern liegende Achten laufen und dabei mit dem Hinterteil wackeln. Die Ausrichtung der Acht zeigt die Flugrichtung zur Futterquelle an, und je schneller die Tiere laufen, umso näher ist das Ziel.

Der Tanz der Bienen ist symbolisch. Trotzdem gebrauchen sie keine Sprache, denn der Schwänzeltanz hat keine Grammatik. Aber bedeuten solche Unterschiede, dass Tiere grundsätzlich nicht denken können?

Leider haben wir nur einen Maßstab für Intelligenz – unseren eigenen. Je mehr von unseren eigenen Fähigkeiten ein Geschöpf hat, desto klüger finden wir es. Aber warum sollte es keine ganz anderen Formen der Intelligenz geben? Und wenn es sie gibt: Könnten wir sie überhaupt erkennen?

Ja, wir tun so, als ob Geist nur Menschengeist sein kann. Und das ist falsch. Aber da stecken wir in einem Dilemma. Einerseits müssen wir annehmen, dass sich unsere Intelligenz in der Evolution nur allmählich aus jener der Tiere entwickelt haben kann …

… andererseits ist überhaupt nicht klar, worin genau Intelligenz bei Tieren besteht.

Eben. Darum sind auch alle Versuche, die Intelligenz verschiedener Tierarten zu vergleichen, gescheitert. Die Arten leben ja ganz unterschiedlich, und jede nimmt die Welt anders wahr. Bienen sehen viel weniger Details, dafür zehnmal mehr Bilder pro Sekunde als wir. Oder nehmen Sie eine schnelle Auffassungsgabe: Ist sie wirklich immer ein Zeichen besonderer Intelligenz? Sie nützt nur, wenn Sie sich in einer Umgebung durchschlagen müssen, die sich dauernd verändert. Ist Ihre Umwelt dagegen stabil, haben Sie bessere Chancen, wenn Sie sich langsamer anpassen.

Descartes, der große Philosoph der französischen Aufklärung und einer der einflussreichsten Denker aller Zeiten, nannte Tiere »Automaten«. Das war im 17. Jahrhundert. Nicht einmal Affen wollte Descartes Gefühle und Verstand zugestehen. »Sie fressen ohne Freude, weinen ohne Schmerz, wachsen, ohne es zu wissen. Sie wollen nichts, fürchten nichts, wissen nichts.«

Ich kann seine Sichtweise nachvollziehen. Mir selbst war zwar immer klar, wie gut Bienen lernen. Trotzdem sah ich sie lange Zeit sehr mechanisch. Ich hatte keine Vorstellung von der Tiefe ihrer Gehirntätigkeit. Vor zwanzig Jahren wäre mir das Wort »Bienengeist« nicht über die Lippen gekommen.

Gab es ein Schlüsselerlebnis?

Das war, als wir ihre Navigation untersuchten. Ich dachte, die Bienen finden ihren Weg nach einem einfachen Automatismus, wie Roboter. So haben wir das dann auch veröffentlicht. Doch in den nächsten Versuchen ging uns auf, dass die Bienen etwas viel Intelligenteres machen – dass sie planen können. All das hatten wir bis dahin nicht gesehen. Mir fehlten die geistige Offenheit, aber auch die richtigen Methoden für die Experimente. Jedenfalls musste ich alles widerrufen, was ich geschrieben hatte.

Was genau war denn die neue Erkenntnis?

Dass Bienen ziemlich komplexe Entscheidungen treffen. Sie folgen keineswegs nur stur einem Programm, sondern haben Absichten und Pläne. Wir haben das erkannt, als wir einmal ihre gewohnte Futterstelle versiegen ließen. Sobald die Bienen das herausfinden, fliegen sie zum Stock zurück. Manche Tiere brechen dann erneut zu der gewohnten Futterstelle auf und werden natürlich wieder enttäuscht. Andere folgen den Tänzen von Schwestern im Schwarm, die ihnen eine andere Futterstelle anzeigen. Aber wir hatten dafür gesorgt, dass es dort auch nichts gab. Nun hätten wir erwartet, dass die frustrierten Bienen zum Stock zurückfliegen. So hätte es ein einfach programmiertes Wesen gemacht – Versuch und Irrtum. Aber die Bienen handelten viel klüger: Die Tiere, die es noch einmal an der alten Futterstelle versucht hatten, steuerten auf kürzestem Weg den Ort an, den ihnen ihre tanzenden Schwestern mitgeteilt hatten. Und diejenigen, die es dort versucht hatten, flogen direkt zur alten Futterstelle.

Sie konnten sich erinnern.

Mehr noch: Sie konnten die Information, die ihnen zuvor im Stock mitgeteilt worden war, jetzt an einem neuen Ort sinnvoll verwenden. Dabei war die Flugrichtung zwischen der alten und der neuen Futterstelle natürlich eine ganz andere als der Weg vom Stock aus, den ihnen die Kundschafterinnen vorgetanzt hatten.

Da beherrschen die Bienen etwas, was meiner zehnjährigen Tochter noch immer schwerfällt. Sie weiß zwar die Wege von unserem Haus zu ihren Freundinnen, aber von der Wohnung der einen Freundin zu einer anderen findet sie nicht.

Meine norwegischen Kollegen May-Britt und Edvard Moser haben gezeigt, dass Säugetiere und wir Menschen für diese Art der Orientierung so etwas wie eine Landkarte im Kopf besitzen. Dafür haben die Mosers, in deren Labor ich Gastprofessor war, in diesem Jahr den Medizinnobelpreis bekommen. Ich bin überzeugt, dass auch Bienen eine solche innere Landkarte haben. Aber das ist nicht alles. Die Tiere sind überdies in der Lage, ganz unterschiedliche Informationen miteinander zu verbinden: die Erfahrung, dass der gewohnte Futterplatz leer ist, die Erinnerung an den Tanz der Kundschafterinnen, das Wissen aus der Landkarte.

Sie machen sich eine Vorstellung von der Welt – wie ich, wenn ich mir jetzt überlege, wie ich später nach unserem Gespräch nach Hause komme.

Genau. So funktioniert unser Denken. Wir malen uns verschiedene Möglichkeiten aus, und die verhandeln wir dann in unserer inneren Welt. Und so scheint auch die Biene zu denken. Offenbar kann sie sich etwas vergegenwärtigen, was gar nicht da ist. Und dabei hat sie nicht nur eine Vorstellung von der Welt, sondern auch von sich selbst. Wenn sie sich für oder gegen etwas entscheidet, sagt sie Ergebnisse ihres eigenen Handelns voraus. Dazu braucht sie zum Beispiel ein Erleben und eine Simulation des eigenen Körpers. Die Biene weiß, wer sie ist.

Hat die Biene eine Seele?

Sie hat eine innere Welt. Sie können auch »Seele« dazu sagen. Tiere sind jedenfalls nicht bewusstlos – auch wenn ihnen natürlich unser Sprachbewusstsein oder die Erinnerung an eine Biographie fehlt. Aber verstehen Sie mich nicht falsch. Ich bin kein Pantheist. Ich glaube nicht, dass Steine oder Pflanzen ein Bewusstsein haben.

Warum eigentlich nicht? Pflanzen sind zu erstaunlich komplexen Reaktionen imstande.

Aber sie haben kein Gehirn Und das brauchen sie, um die Welt abzubilden.

Eine Qualle hat auch kein Gehirn.

Einverstanden, es gibt ein Quallenbewusstsein. Rippenquallen besitzen ein dezentrales Nervensystem, das die Sinneserfahrung mit der Information über die eigenen Bewegungen verbindet. Sie haben eine primitive Selbstwahrnehmung.

Dann frage ich mich, warum es keine bewussten Roboter geben soll. Das Bienengehirn besteht aus gut einer Million Neuronen. Dieselbe Rechenleistung brachten die Computer schon vor gut 20 Jahren. Und in jedem Baumarkt bekommen Sie heute Mähroboter, die sich, von Sensoren gesteuert, autonom durch Ihren Garten bewegen. Und wenn sich eine Katze nähert, stoppt der Roboter seine Messer. So intelligent wie eine Qualle handelt der allemal.

Sie haben recht, künftige Maschinen werden auch alle geistigen Fähigkeiten einer Biene besitzen. Doch Sie müssen das Ding eben erst programmieren. Das ist der entscheidende Punkt: Die Maschine tut nur das, worauf ihr Erbauer sie angelegt hat.

Für sie ist der Ingenieur, der sie schuf, Gott.

Und das Tier ist autonom. Es vermehrt sich selbst und hat ein phylogenetisches Gedächtnis …

… angeborenes Wissen, das die Tierart im Lauf der Evolution erworben hat.

Dieses Wissen ist in der DNA verschlüsselt, und die gibt das Tier weiter. Das kann der Rasenmäher nicht.

Aber schon die Bienen sind nicht nur von der Evolution programmiert. Ihre Versuche zeigen doch gerade, wie flexibel die Tiere in ihrem Verhalten sein können. Und ich würde vermuten, sie können sich nicht nur ihrer Umwelt anpassen, sondern lernen auch von ihren Stammesgenossen. Möglicherweise haben Bienen so etwas wie eine Kultur.

Bei den Bienen ist das nicht so klar. Es gibt zwar verschiedene Dialekte in der Tanzkommunikation, und die Völker missverstehen einander. Das könnte aber auch genetische Ursachen haben. Ich habe allerdings einmal eine Wüstenameise untersucht, die in Israel lebt. Da haben wir beobachtet, wie erfahrene Läuferinnen junge Tiere packen und sie von einem Eingang der Kolonie zum nächsten schleppen – als wollten sie die Jüngeren belehren, indem sie ihnen diese in der Hitze lebensrettenden Eingänge zeigen.

Noch erstaunlicher finde ich, wie manche Tintenfische voneinander lernen. Ein Oktopus kann einem anderen abschauen, wie man Gurkengläser aufschraubt …

… eine erstaunliche Leistung für ein wirbelloses Tier. Aber Bienen lernen noch viel mehr voneinander. Sie können sich über einen symbolischen Code verständigen.

Wenn Bienen ihr Wissen austauschen, beeinflussen sie sich gegenseitig. Man könnte sagen: Nicht nur das Gehirn jedes einzelnen Tiers, sondern der ganze Schwarm denkt.

Manche Kollegen sprechen vom ganzen Bienenvolk als Superorganismus. So trifft der ganze Schwarm zum Beispiel die Entscheidung, wo ein neues Nest errichtet werden soll. Dabei verfügen nur wenige Bienen, die die Gegend erkundet haben, über das nötige Wissen. Aber diese Kundschafterinnen werben mit ihrem Tanz für ihren bevorzugten Ort. Je besser ein Nistplatz erscheint, desto länger tanzt eine Biene, und umso mehr schließen sich ihr andere an. Und nun beginnen diese Gruppen der Tänzerinnen, miteinander zu verhandeln. Die Tiere versuchen nicht nur, Anhängerinnen zu gewinnen, sondern auch konkurrierende Tänze zu stoppen, indem sie den Rivalinnen ein Stoppsignal zubrummen. Irgendwann setzt sich eine Gruppe durch. Nun begeben sich Kundschafterinnen in das Innere des Schwarms und verkünden die Entscheidung. Sie erhitzen die anderen mit ihren Muskelkontraktionen bis auf 40 Grad. Und dann, tschuuu!, geht der Schwarm hoch.

Eine einzelne Biene könnte gar nicht entscheiden, wo das Nest gebaut werden soll. Sie weiß zu wenig. Vielleicht wirken die Tiere im Schwarm ja so ähnlich zusammen wie die Neuronen im Gehirn. Sie erregen und hemmen einander, und am Ende kommt eine Entscheidung heraus.

Ja. Der Superorganismus hat sogar Gefühlszustände. Der Schwarm kann aggressiv sein oder auch glücklich, zum Beispiel, wenn er das Pheromon seiner Königin wahrnimmt. Im Kopf jeder einzelnen Biene kann die Erregung nur weniger Nervenzellen das ganze Gehirn beeinflussen und Emotionen auslösen. Im Bienenvolk gibt es ähnliche Koppelungen. Pheromone wirken darin so wie Botenstoffe im Gehirn: Sie verändern den Zustand des ganzen Systems. Und wenn die informierten Tiere immer wieder durch den Schwarm hindurch schießen, können sie die eigene Erregung auf die anderen übertragen. Dasselbe erledigen Neuronen mit langen Ausläufern im Gehirn.

Hat auch jede einzelne Biene Gefühle? Zum Beispiel, empfindet sie Schmerz?

Wir wissen, dass es in ihrem Kopf spezielle Neuronen für Belohnung, also Freude, oder auch Aggression gibt. Und offenbar hat die Biene eine eigene innere Welt. Aber was sie wirklich empfindet, kann sie uns leider nicht sagen.

Essen Sie Fleisch?

Ja. Mir erschiene es auch nicht sinnvoll, wie diese Jain-Priester in Indien bei jedem Schritt den Boden vor mir zu kehren, damit ich kein Insekt zertrete.

Wenn Sie durch Unachtsamkeit ein menschliches Leben zerstören, kommen Sie vor Gericht. Wenn aber auch Tiere empfinden und denken, scheint mir der Unterschied, den Sie machen, schwer zu erklären.

Unsere Moral ist zuerst eine für die menschliche Gemeinschaft. Erst im zweiten Schritt stellt sich die Frage: Inwieweit müssen wir diese Regeln auf andere Wesen übertragen, weil sie uns ähneln? Deshalb diskutieren wir im Moment intensiv, was wir uns gegenüber Affen herausnehmen dürfen.

Weil sie uns ganz offensichtlich ähneln. Aber diese Erfahrung machen wir doch mit anderen Tieren genauso: Je besser wir sie erforschen, umso mehr Ähnlichkeiten entdecken wir.

Allerdings auch mehr Unterschiede. Ich glaube, dass wir zwischen dem Erlaubten und dem Verbotenen keine zu starren Grenzen setzen sollten. Es gibt da einen gleitenden Übergang. Und Sie haben recht: Früher haben Menschen zwischen sich selbst und den Tieren ein sehr steiles Gefälle gesehen. Heute erscheint uns dieser Niveauunterschied geringer. Und folglich erweitern wir den Geltungsbereich unserer Moral.

Bemerken Sie diese Veränderung auch an sich selbst?

Ja. Ich sehe Bienen heute stärker als verständige Wesen. Für viele Versuche ist es nach wie vor nötig, sie zu fixieren oder in den Kühlschrank zu stellen. Wenn wir ein Tier für ein elektrophysiologisches Experiment heranziehen, müssen wir sein Gehirn freilegen, und das überlebt es nicht. Aber ich treffe solche Entscheidungen heute sehr viel bewusster als früher.

Können Sie sich eigentlich vorstellen, wie es sein mag, eine Biene zu sein?

Ich erfahre das vor allem in meinen Träumen. Darin kann ich fliegen wie ein Insekt. Ich spüre: Das ist kein Vogelflug, sondern es rüttelt. Ich schwebe zwischen Zweigen hindurch, die Blüten sind riesig. Und ich nehme die Farben so wahr wie eine Biene: Es gibt kein Rot, dafür wunderbare Schattierungen von Blau. Die reifen Früchte leuchten bunt zwischen den grauen Blättern. Ich meine sogar, dass ich Ultraviolett sehen kann: Die Blüten tragen Muster in dieser Farbe! Gelegentlich begegne ich auch seltsamen Bienen, die Vierbeiner geworden sind. Ihre vorderen Beine haben sich zu Scheren und Messern weiterentwickelt. Damit zerkleinern sie Früchte und stopfen das Mus, das sie herstellen, in ihre Flügelsäcke.

Vielleicht würde eine Biene so träumen. Aber Insekten träumen nicht.

Meinen Sie? Ich bin mir da neuerdings nicht mehr so sicher. Sie schlafen. Und wie wir Menschen und andere Säugetiere, so verbessern sie ihr Gedächtnis im Schlaf. Wir machen gerade Versuche dazu. Interessanterweise brauchen Bienen umso mehr Schlaf, je kompliziertere Dinge sie sich einprägen sollen. Wir haben gesehen, dass Bienen auch verschiedene Schlafphasen haben. Wenn wir Menschen besonders intensiv träumen, bewegen wir unter den geschlossenen Lidern die Augen schnell hin und her. Bei den Bienen beobachten wir etwas Ähnliches: Plötzlich fangen sie im Schlaf an, wild mit ihren Antennen zu schlagen. Wollen Sie es sehen?

Oh ja. Lassen Sie uns in Ihr Bienen-Schlaflabor gehen.

Der Königsweg zur Seele

Ein Streitgespräch mit Sigmund Freud über Träume als Versteckspiel und die Anmaßung, Träume zu deuten

Wir befinden uns im Jahr 1921. Seit nunmehr drei Jahrzehnten empfängt Sigmund Freud seine Patienten im Haus Berggasse 19, inzwischen ist die Adresse im neunten Wiener Bezirk fast so berühmt wie der Arzt selbst. Im ersten Stock öffnet ein Dienstmädchen eine von innen vergitterte Tür, bietet mir einen Sessel in einem Vorzimmer an. Der Friseur, der dem Professor jeden Morgen für einen Schilling die Haare kämmt und den Bart stutzt, verlässt gerade die Praxis. Nun führt mich das Mädchen in einen düsteren Raum. An der Längswand zwischen Kachelofen und einer Vitrine voll antiker Statuen steht eine mit persischen Teppichen überzogene Couch. Aus einer zweiten Tür des Raumes tritt erst ein Chow-Chow, dann ein nicht sehr groß gewachsener Herr auf mich zu. Er trägt

Vollbart und einen Dreiteiler aus Wollstoff. Sigmund Freud ist 65 Jahre alt. Seine Augen funkeln hellwach.

Professor Freud …

Bitte, nehmen Sie Platz.

Sehr freundlich. Aber weshalb bitten Sie mich auf die Couch? Wenn es Ihnen nichts ausmacht, möchte ich lieber im Sitzen mit Ihnen sprechen.

Es macht mir etwas aus. Ich vertrage es nicht, acht Stunden täglich oder länger von anderen angestarrt zu werden. Ich halte darum an dem Rat fest, den Kranken auf einem Ruhebett lagern zu lassen, während man hinter ihm Platz nimmt. Der Patient fasst die ihm aufgezwungene Situation gewöhnlich als Entbehrung auf und sträubt sich gegen sie, besonders wenn der Schautrieb, das Voyeurtum, in seiner Neurose eine bedeutende Rolle spielt.

Professor, möglicherweise haben Sie etwas missverstanden. Ich bin nicht Ihr Patient.

Das haben schon viele gesagt.

Bitte glauben Sie mir: Ich will mich wirklich nur mit Ihnen unterhalten. In meiner Zeit sprechen die Menschen noch immer von Ihren Ideen. Verdrängung und Über-Ich, seelischer Komplex und narzisstische Kränkung – Ihre Ausdrücke sind in unsere Alltagssprache eingegangen. Aber Sie sind noch immer umstritten. Die einen vergleichen Sie als Entdecker der mensch-

lichen Natur mit Kolumbus und Darwin, die anderen nennen Sie einen Scharlatan.

(Freud schweigt.)

Ich … ich … meine Güte, Sie machen es mir aber schwer. Sagen Sie doch etwas!

Ehe ich Ihnen etwas sagen kann, muss ich viel über Sie erfahren haben. Bitte teilen Sie mir mit, was Sie von sich wissen.

Was ich von mir weiß? Haben nicht Sie uns gelehrt, was wir alles nicht über uns wissen? »Das Ich sei nicht Herr in seinem eigenen Haus, weil ein Teil des eigenen Seelenlebens sich der Kenntnis und der Herrschaft des Willens entzieht.« Ihre Worte.

Natürlich. Das Ich spielt doch die Rolle des dummen August im Zirkus, der überall seinen Senf dazugibt, damit die Zuschauer glauben, er ordne alles an, was da vor sich geht. Erzählen Sie mir einen Traum.

Ich verstehe. Sie haben ja Träume einen Schlüssel zur Selbsterkenntnis genannt.

Die Traumdeutung ist die Via regis, der Königsweg, zur Kenntnis des Unbewussten im Seelenleben.

Das sehe ich ähnlich. Heute wissen wir: Träume können uns tatsächlich zeigen, wer wir sind und wie wir funktionieren. Aber das Unbewusste ist ganz anders, als Sie es sich vorgestellt haben.

Forscher haben Zehntausende Träume in Rechenmaschinen erfasst, die wir Computer nennen. Sie können mit speziellen Apparaten sogar einem Schläfer in den Kopf sehen und beobachten, was er gerade träumt.

Sehr interessant. Aber Sie wollten mir einen Traum erzählen.

Na schön. Ich träume regelmäßig davon, dass ich noch einmal das Abitur ablegen muss. Aber ich habe nicht die mindeste Ahnung davon, was die Lehrer abfragen könnten, weil ich den Unterricht so oft geschwänzt habe.

Und, was fällt Ihnen dazu ein?

In der Oberstufe habe ich wirklich alles daran gesetzt, so wenig Zeit in der Schule zu verbringen wie möglich. Insofern ist der Traum realistisch. Aber fast genauso oft sehe ich nachts statt des Abiturs die Diplomprüfung oder die Verteidigung meiner Doktorarbeit auf mich zukommen, dabei habe ich die Universität gerne besucht. Vor allem hatte ich nie ernsthafte Prüfungsangst. Durchgefallen bin ich nur einmal, als ein sichtlich gelangweilter Fahrlehrer mein Geschick im Einparken sehen wollte. Insofern hat dieser Traum mit meiner Erinnerung wenig zu tun.

Er ist ein Stück Ihres überwundenen Kinderseelenlebens. Im Prüfungstraum zeigen sich die unauslöschlichen Erinnerungen an die Strafen, die wir in der Kindheit für verübte Untaten erlitten haben. Es ist dann nicht weiter auffällig, wenn die Vorwürfe wegen der »Dummheiten« und

»Kindereien« sich auf die Wiederholung beanstandeter sexueller Akte bezogen.

Sie wollen meinen Abiturtraum darauf zurückführen, dass ich bei Doktorspielen erwischt worden sein soll? Bei allem Respekt, Professor, das ist absurd.

Selbstverständlich sagen Sie das. Schon wenn man einen seiner jugendlichen Patienten befragt, ob er sich je mit der Masturbation befasst habe, würde man gewiss keine andere Antwort hören als: O na, nie. Sehen Sie, die Arbeit der Traumdeutung vollzieht sich gegen einen Widerstand, dessen Äußerungen kritische Einwendungen sind. Bin ich nun zu misstrauisch, wenn ich vermute, dass in demselben Moment, da die Psychoanalyse vor Ihnen auftaucht, auch der Widerstand gegen sie bei Ihnen sein Haupt erhebt?

Allerdings ist die Psychoanalyse nicht erst in diesem Moment vor mir aufgetaucht. Ich kenne Ihre Theorien schon lange. Aber wie mein Prüfungstraum mit unterdrückter Sexualität zusammenhängen soll, müssen Sie mir erklären.

Bitte beachten Sie, dass unsere Lehre nicht auf der Würdigung des manifesten Trauminhaltes beruht. Den Weg zum Verständnis des Traumes beschreiten wir, indem wir annehmen, dass das, was wir als Traum nach dem Erwachen erinnern, nicht der wirkliche Traumvorgang ist, sondern nur eine Fassade, hinter welcher sich dieser verbirgt.

Es geht Ihnen also gar nicht um das, was ich im Schlaf gesehen habe! Ihrer Meinung nach verstellen die Bilder des Traumes dessen wahre Botschaft. Und was wirklich gemeint ist, kommt erst auf der Couch des Analytikers zum Vorschein.

Der Traum ist ein Bilderrätsel. Die richtige Beurteilung des Rätsels ergibt sich offenbar erst dann, wenn ich mich bemühe, jedes Bild durch eine Silbe oder ein Wort zu ersetzen, das nach irgendwelcher Beziehung durch das Bild darstellbar ist. Die Worte, die sich so zusammenfinden, sind nicht mehr sinnlos, sondern können den schönsten und sinnreichsten Dichterspruch ergeben.

Sie denken also, dass sich das Unbewusste in Symbolen ausdrückt.

Die übergroße Mehrzahl der Symbole im Traum sind Sexualsymbole. Ich gebe Ihnen ein Beispiel: Ein junger Mann sieht sich im Traum in der Oper. Plötzlich fliegt er schräg hinweg über das Parkett bis ans Ende, greift sich dann in den Mund und zieht sich zwei Zähne aus.

Und?

Ich mache hier auf die so häufige Verlegung von unten nach oben aufmerksam, die im Dienste der Sexualverdrängung steht …

… damit meinen Sie sexuelle Wünsche, die wir uns nicht anders eingestehen und die sich darum anders ausdrücken.

Ja. Der Träumer mag seine eigenen Wünsche nicht. Er verwirft, zensiert sie. Sie erlauben?

(Freud zieht eine Zigarre hervor.)

Natürlich. Sie rauchen gerne?

Ohne bin ich komplett arbeitsunfähig, ein geschlagener Mann. Auch ein Ersatz für den Sexualgenuss. Es ist mir aufgegangen, dass die Masturbation die einzige große Gewohnheit, die ›Ursucht‹ ist. Erst als deren Ersatz treten die Verlangen nach Alkohol, Morphin, Tabak ins Leben.

Ich würde sagen, dass Sie schwer nikotinsüchtig sind. Aber Sie wollten mir den Zahntraum erläutern.

Allerlei Sensationen und Intentionen, die sich an den Genitalien abspielen sollten, können durch die Verdrängung wenigstens an anderen einwandfreien Körperteilen realisiert werden. Organe benehmen sich wie Ersatzgenitalien. Ein Fall von solcher Verlegung ist es auch, wenn in der Symbolik des unbewussten Denkens die Genitalien durch das Gesicht ersetzt werden. Überlegen Sie doch nur, welche Anspielungen uns zu Backen, Lippen oder Nase einfallen. Nur ein Gebilde steht außer jeder Möglichkeit von Vergleichung …

… die Zähne!

Und gerade dies Zusammentreffen von Übereinstimmung und Abweichung macht die Zähne für die Zwecke der Darstellung unter dem Druck der Sexualverdrängung geeignet.

Interessante Logik. Wie muss ein Körperteil eigentlich aussehen, damit Sie es nicht zum Sexualsymbol erklären?

Ich will nicht behaupten, dass nun die Deutung des Zahnreiztraumes als Onanietraum, an deren Berechtigung ich nicht zweifeln kann, voll durchsichtig geworden ist. Aber das Schwergewicht, das ich in meiner Lehre auf die Sexualität gelegt habe, war gewiss kein Fehler. Sie können eine beliebige menschliche Gefühlsregung analysieren – und werden immer als ihren ursprünglichen Impuls die Sexualität finden, der das Leben seine eigene Fortdauer verdankt.

Aber nur weil wir alle einmal gezeugt worden sind, steht doch nicht hinter jeder Emotion, jedem Gedanken der Wunsch nach Sex! Welche Belege für die Allgegenwart des Geschlechtstriebs haben Sie denn? In den erwähnten Träumen sehe ich keine. Erst durch Ihre Interpretationen ist der Sex ins Spiel gekommen.

Wenn ein Angeklagter vor dem Richter sich zu einer Tat bekennt, so glaubt der Richter ihm das Geständnis; wenn er aber leugnet, so glaubt ihm der Richter nicht. Wäre es anders, so gäbe es keine Rechtspflege.

Aber es gibt einen Freispruch aus Mangel an Beweisen. Die vermisse ich, übrigens auch bei der Lektüre Ihrer Bücher. Und Sie sehen ja nicht nur Sex in allen Winkeln unserer Seele lauern. Sie unterstellten den Menschen Mordgelüste an ihren Vätern, Inzestwünsche mit der Mutter, Ekel vor dem eigenen Körper. Ihre Patienten können Ihnen kaum dergleichen erzählt haben. Schließlich schreiben Sie, dass diese Ungeheuerlichkeiten den Betroffenen unbewusst waren. Erst Ihre Deutungen zeigten den Patienten, wie es Ihrer Meinung nach in deren Innerstem aussah. Warum sind Sie sich so sicher, dass Sie richtig lagen?

Wer Augen hat zu sehen und Ohren zu hören, überzeugt sich, dass die Sterblichen kein Geheimnis verbergen können. Wessen Lippen schweigen, der schwätzt mit den Fingerspitzen; aus allen Poren dringt Verrat. Aus welch geringen Anzeichen schließen Sie denn, dass Sie die Neigung einer Dame gewonnen haben? Warten Sie dafür eine ausdrückliche Liebeserklärung, eine stürmische Umarmung ab, oder reicht Ihnen nicht ein von anderen kaum bemerkter Blick, eine Verlängerung des Händedrucks um eine Sekunde aus? Im Übrigen wäre es ein Irrtum zu glauben, dass eine Wissenschaft aus lauter streng bewiesenen Lehrsätzen besteht, und ein Unrecht, solches zu fordern. Diese Forderung erhebt nur ein autoritätssüchtiges Gemüt.

Dass ich zu viel Respekt vor Autoritäten aufbringe, hat mir noch niemand gesagt. Allerdings hätte es vielen Ihrer Patienten wohl gutgetan, wären sie kritischer gewesen. Sehen Sie, ich komme aus einer Zeit, in der wir auf mehr als hundert Jahre Psychoanalyse zurückblicken können. Und ich kann Ihnen versichern: Die Psychoanalyse hat mit unbegründeten Deutungen großes Leid angerichtet.

Viele Behandlungsversuche misslangen in der Frühzeit der Analyse. Freunde der Analyse haben uns geraten, einer Sammlung von Misserfolgen durch eine von uns entworfene Statistik der Erfolge zu begegnen. Ich bin darauf nicht eingegangen. Die Patienten waren zu unterschiedlich, die Zeiträume zu kurz, um die Haltbarkeit der Heilung zu beurteilen.

Stattdessen haben Sie glänzend geschriebene Berichte über einzelne Patienten verfasst. Historiker halten Ihnen vor, dass Sie es mit den Tatsachen alles andere als genau nahmen.

Sie haben recht, wenn Sie finden, dass meine Berichte sozusagen des ernsten Gepräges der Wissenschaftlichkeit entbehren. Die Krankengeschichten, die ich schrieb, sind wie Novellen zu lesen.

Nach Ihrem Tod verging mehr als ein halbes Jahrhundert, bis Ihre Schüler den Widerstand gegen eine wissenschaftliche Bewertung der Psychoanalyse aufgaben. Dabei war er unbegründet: Statistisch gesehen wirken moderne Formen der Analyse ungefähr so gut wie andere Psychotherapien, sind nur viel aufwendiger. In erster Linie hilft offenbar die menschliche Zuwendung.

Wenn man sich für einen Skeptiker hält, tut man gut daran, gelegentlich auch an der Skepsis zu zweifeln.

Das finde ich auch. Aber ich verstehe Ihren Satz anders, als Sie ihn wahrscheinlich meinten. Kennen Sie den Witz? Treffen sich zwei Psychoanalytiker auf der Straße und wünschen sich »Guten Tag«. Beide gehen weiter, jeder überlegt: »Wie hat er das bloß gemeint?« Ich ärgere mich oft darüber, wenn Bekannte bei anderen aufs Geratewohl verdrängte Motive, narzisstische Kränkungen und Vaterkomplexe vermuten. Seit Sie uns das alles aufgeladen haben, stehen wir und jede einzelne unserer Handlungen unter Generalverdacht.

Es ist nicht unsere Absicht, die edlen Strebungen der menschlichen Natur abzuleugnen. Im Gegenteil: Ich zeige Ihnen nicht nur die zensurierten bösen Traumwünsche, sondern auch die Zensur, welche sie unterdrückt und unkenntlich macht. Selbst wenn sich die Psychoanalyse bei Erkrankungen als erfolglos erweisen würde, bliebe sie als Mittel der wissenschaftlichen Forschung gerechtfertigt.

Was aber wäre, wenn es weder zensurierte böse Traumwünsche noch eine Zensur gibt?

Wie meinen Sie das?

Träume sind nicht zufällig, sie haben eine Bedeutung. Darin stimme ich mit Ihnen überein. Aber das Unbewusste spielt nicht mit uns Verstecken. Träume vermitteln weder verschlüsselte Botschaften noch bedienen sie sich einer Symbolsprache. Was Träume uns mitzuteilen haben, sagen sie offen.

Tun sie das? Dann müssen Sie mir erklären, was den Traum so fremdartig und unverständlich erscheinen lässt. Ich sage: Die Traumentstellung ist eine Folge der Zensur, welche vom Ich gegen irgendwie anstößige Wunschregungen ausgeübt wird. Wir brauchen die Ergebnisse unserer Arbeit an der Traumdeutung nicht aufzugeben, auch wenn wir sie befremdend finden müssen. Überall, wo Lücken im manifesten Traum sind, hat die Traumzensur sie verschuldet. Auslassung, Modifikation, Umgruppierung des Materials sind die Mittel der Traumentstellung. Sie gibt dem Traum seine Fremdartigkeit.

Wie hätten Sie sich die surrealen Szenen auch anders erklären sollen? Die Vorgänge im Gehirn, die dafür verantwortlich sind, wurden lange nach Ihrem Tod entdeckt. Neuerdings können Forscher dem Gehirn bei der Arbeit zusehen. Sie machen das mit Maschinen, die wir Scanner nennen. Daher wissen wir: Im Schlaf funktioniert das Gehirn anders, als wenn wir wachen. Daher wäre es ein Wunder, würden wir im Traum dieselben Erfahrungen machen wie tagsüber. Mit Zensur hat das nichts zu tun. Weshalb sollten wir auch unsere Wünsche verdrängen?

Weil unsere Kultur ganz allgemein auf der Unterdrückung von Trieben aufgebaut ist.

Das 19. Jahrhundert, in dem Sie groß wurden, war prüde. Unsere Zeit ist es nicht mehr. Das verdanken wir nicht zuletzt Ihnen. Schon George Orwell, ein Schriftsteller in der Mitte des 20. Jahrhunderts, wunderte sich darüber, warum er im Traum sexuelle Impulse vor sich selbst verbergen sollte, »über die ich im Wachzustand ohne jede Scheu sprechen würde«.

Wie erklären Sie sich dann Ihren Prüfungstraum?

Was wir in der Zeit, aus der ich komme, wissen, ist: Träume erschließen sich weniger über ihre Bilder als über ihre Gefühle. Auch das erklärt sich aus der Organisation unseres Gehirns. Den Abiturtraum erlebe ich auffallend oft, wenn die Veröffentlichung eines Buches oder eines wichtigen Aufsatzes naht. Da scheint die Angst, ich könnte mich mit meinen Ideen allzu sehr exponieren, eine Rolle zu spielen. Haben Sie diese Erfahrung nie gemacht?

Oh doch. Im Gymnasialprüfungstraum werde ich regelmäßig aus Geschichte geprüft. Er tritt auf, wenn man vom nächsten Tage eine verantwortliche Leistung und die Möglichkeit einer Blamage erwartet.

Träume wiederholen sich, weil im Schlaf die aktuellen Ereignisse in unser Gedächtnis eingewebt werden. Dabei fallen uns immer wieder Situationen ein, die emotional dem ähneln, was Sie gerade beschäftigt. Sehr oft sehen wir dann Erlebnisse unserer späten Kindheit oder der frühen Erwachsenenjahre, in denen wir mit dem entsprechenden Gefühl zum ersten Mal bewusst umgehen mussten. Aber da gibt es keine Verdrängung, keine Zensur. Die neue Erfahrung wird gleichsam in das Raster ihrer vorhandenen Erinnerungen eingeordnet. So kann Ihnen der Traum Ihre Gefühle bewusst machen, die Sie tagsüber vielleicht stärker beachten sollten.

Im Grundsatz sind wir uns jedenfalls einig: Der Traum stammt aus der Vergangenheit.

Ja, aber nicht nur! Träume sind weit mehr als die ständige Wiederkehr unbewältigter Erfahrungen. Wir bereiten uns nämlich auch auf die Zukunft vor, während wir träumen. Indem Sie beispielsweise emotional belastende Ereignisse im Schlaf in veränderter Form wieder erleben, verarbeiten Sie sie.

Was Sie sagen, kommt mir bekannt vor. Nach demselben Prinzip bewältigt auch ein Patient in einer ordentlichen Psychoanalyse seine Vergangenheit.

Träume sind tatsächlich eine natürliche Psychotherapie. Studien zeigten, dass Frauen besser über den Schmerz einer Scheidung hinwegkommen, wenn sie davon träumen. Wir lernen aber auch neue Fähigkeiten im Schlaf, eben weil Informationen des Tages weiterverarbeitet werden. Der Geist ist in der Nacht überaus kreativ. Träume sind eine virtuelle Realität, in der wir für die Zukunft trainieren. All dies konnten Sie noch nicht ahnen, Professor Freud. Erst im 21. Jahrhundert beginnen wir zu verstehen, was während des Schlafs in unseren Gehirnen geschieht.

Ich habe nie gesagt, dass mit meiner Lehre das letzte Wort über die innersten Antriebe des Menschen gesprochen sein soll. Im Gegenteil sah ich Entdeckungen von der Art, wie Sie sie beschreiben, sogar kommen. (Er zieht eine Ausgabe seiner »Traumdeutung« hervor.) Hören Sie einmal, was ich im Jahr 1899 schrieb: »Selbst wo das Psychische sich bei der Erforschung als der primäre Anlass eines Phänomens erkennen lässt, wird ein tieferes Eindringen die Fortsetzung des Weges bis zur organischen Begründung des Seelischen einmal zu finden wissen.«

Sie meinen: Eine Tages werden die Menschen verstehen, dass Körper und Seele sich zueinander verhalten wie die zwei Seiten einer Medaille. Und damit werden sich auch unsere Träume auf neue Weise erschließen.

Ganz genau.

Heute erkennen wir Träume als Schlüssel, um das Rätsel unseres Bewusstseins zu lösen. Und Sie haben uns mit Ihrer

Pionierarbeit den Weg gebahnt. Dafür haben wir allen Grund, Ihnen dankbar zu sein.

Gegen Angriffe kann man sich wehren. Gegen Lob ist man machtlos. Leben Sie wohl.

Freuds Gesprächsbeiträge sind wörtlich seinen Schriften entnommen. Der Satzbau wurde stellenweise leicht modernisiert.

Die Armen kämpfen mit denselben Widersprüchen wie wir

Die Ökonomin Esther Duflo über Leben am Existenzminimum und wirksame Hilfe

Zu oft ist das Gegenteil von gut nur gutgemeint. Der falsche Trost macht Leid noch schwerer erträglich. Und Entwicklungsgelder haben immer wieder bewirkt, dass in ärmeren Ländern Dörfer zerfielen und Brunnen versiegten, weil die wohlmeinenden Helfer nicht zugehört haben, was die Menschen vor Ort wirklich brauchen.

Wie aber sieht Hilfe aus, die erreicht, was sie beabsichtigt? Diese Frage zu beantworten hat sich Esther Duflo als Lebensaufgabe gestellt. 1972 in Paris als Tochter eines berühmten Mathematikers und einer Ärztin geboren, verbindet sie in ihrer Arbeit die Logik des einen Berufs mit der Empathie des anderen. Sie studierte Wirtschaftswissenschaften in Paris und am Bostoner MIT. Dort rief sie 2003 mit ihrem einstigen Doktorvater und heutigen Ehemann,

Abhijit Banerjee, das Poverty Action Lab ins Leben, ein Institut, das mit inzwischen über 120 Wissenschaftlern Wege aus der Armut erforscht.

Obwohl Duflo erst in der Mitte ihrer Karriere steht, wurden ihr schon die höchsten Preise verliehen. Mit einem Preis geehrt wurde sie unter anderem vom Wissenschaftszentrum Berlin, wo wir uns auch trafen.

Frau Duflo, sollte man Bettlern am Straßenrand etwas geben?

Ob man es sollte, weiß ich nicht. Ich tue es oft.

Auch wenn Sie nicht wissen, ob Ihr Geld dem Empfänger hilft? Vielleicht ist er alkoholkrank und kauft sich Schnaps.

Wenn ich ihm nichts gebe, hat er auch kein besseres Leben. Aber Sie haben schon recht: Es ist ein emotionaler Impuls. Ich mache es nicht für ihn, sondern für mich. Ich sage nicht, dass das gut ist. Irgendwie muss ich damit zurechtkommen, dass ich ein angenehmes Leben führe, er nicht.

Es ist ein ganz natürlicher Impuls. Als unsere Kinder im Sommer 2015 die Bilder der ankommenden Flüchtlinge sahen, bestürmten sie uns, eine Familie in unser Haus aufzunehmen. Sie waren sogar bereit, ihre Kinderzimmer zu räumen.

Ich weiß nicht, ob es allen Menschen so geht. Ich jedenfalls hatte als Kind auch das starke Bedürfnis, etwas zu tun. Ich empfand eine Verantwortung, einfach, weil ich in glücklichen Umständen und nicht in einer armen Familie in Afrika geboren war.

Für ein Kind ist das ein recht abstrakter Gedanke. Wann hatten Sie ihn zum ersten Mal?

Ich kann mich nicht erinnern, dass ich jemals anders gedacht hätte. Meine Mutter war Ärztin. Im Urlaub reiste sie in Kriegsgebiete, um zu helfen. Wenn sie zurückkam, zeigte sie uns ihre Dias. Ich sah Kindersoldaten, die eine Kalaschnikow trugen. Wir redeten auch über Mutter Teresa. Irgendwo hatte ich gelesen, dass die Menschen in Kalkutta so gedrängt leben, dass jeder nur einen Quadratmeter Platz hat. Ich muss neun gewesen sein. Ich fragte unser Au-Pair, wie die Leute da schlafen. Sie erklärte mir, dass ein Quadratmeter nicht quadratisch sein muss und dass sich die Menschen in Kalkutta auf einer Fläche von einen halben Meter mal zwei Metern bequem ausstrecken konnten. Da war ich etwas beruhigt.

Waren Sie denn nie Ihrer Mutter böse, dass sie ihre Ferien mit den Verwundeten in der Ferne statt mit ihren Kindern verbrachte?

Nein. Sie erklärte uns, der Verzicht auf gemeinsame Ferien sei eben, was wir Kinder beitragen konnten. Mir leuchtete das ein. Und alle in der Familie sahen es so.

Wie halten Sie es mit Ihren eigenen Kindern?

Seit sie da sind, reise ich viel weniger, als ich gerne würde. Aber wir haben zweimal jeweils sechs Monate mit ihnen in Indien gelebt. Sie haben diesen Teil der Welt gesehen.

Vielleicht hängt es stark vom Vorbild der Eltern ab, wie sehr sich Menschen ihre natürliche Hilfsbereitschaft erhalten. Deswegen haben wir dem Drängen unserer Kinder nachgegeben.

Sie nahmen damals Flüchtlinge in Ihrem Haus auf?

Zwei Männer aus Marokko. Wir taten es auch für unsere Kinder. Allerdings habe ich den Kontakt zu unseren Gästen verloren. Ob wir ihr Los wirklich verbessern konnten, weiß ich nicht.

Ich denke, das konnten Sie. Flüchtlinge kommen in der Regel recht schnell auf die Beine, wenn sie früh die richtige Unterstützung bekommen. Wenn Sie Flüchtlinge in Ihre Wohnung aufnehmen, helfen Sie ihnen weitaus mehr, als wenn Sie Geld spenden.

Würden Sie auch als Ökonomin so argumentieren?

Natürlich. Ökonomen mögen gute Investitionen. Wenn Sie einem Flüchtling eine Weile Unterschlupf geben und dadurch seine Lebenssituation stabilisieren, findet er schneller einen Job. Sobald sie arbeiten, bereichern Flüchtlinge ihr Gastland. Das zeigt die ökonomische Literatur. Darum schafft die Hilfeleistung echten wirtschaftlichen Wert. Diese Wirkungen lassen sich sogar messen. Sie könnten Flüchtlinge nach dem Zufallsprinzip in drei Gruppen aufteilen – wir nennen das ein randomisiertes Experiment. Wer in der ersten Gruppe ist, muss in eine Massenunterkunft. Die Flüchtlinge in der zweiten Gruppe bekommen eine eigene Wohnung. Und die dritte Gruppe wird Untermieter bei

Einheimischen. Dann fragen Sie im Abstand von ein paar Monaten immer wieder, wie die Versuchspersonen leben und wie viel sie verdienen, und vergleichen die Antworten der Flüchtlinge in den drei Gruppen.

Sie haben Hunderte solcher Feldversuche gemacht, die meisten in armen Ländern. Wie kamen Sie darauf?

Als Studentin fragte ich mich, was wohl gegen extreme Armut von Hunderten Millionen Menschen in der Dritten Welt helfen würde. Also recherchierte ich, wie viel alle Industrieländer zusammen für Entwicklungshilfe ausgaben. Als ich diese Zahlen sah, dachte ich mir: Na ja. Es sind gerade einmal fünf Prozent von dem, was die Regierungen der Dritten Welt selbst für Armutsbekämpfung in ihren Ländern bezahlen.

Unsere Beiträge sind nicht einmal der Tropfen auf den heißen Stein.

Wir sollten viel mehr geben. Aber wir sollten nicht glauben, dass wir alleine mit unserem Geld die Armut abschaffen können. Deswegen erschien es mir wichtig, dass zuallererst die Selbsthilfe der ärmeren Länder möglichst viel bewirkt. In meiner Doktorarbeit evaluierte ich existierende Regierungsprogramme in Entwicklungsländern. Aber so bewerteten wir eben erst im Nachhinein, was andere getan haben. Auf diese Weise erfährt man nie, ob andere Hilfe besser gewirkt hätte. Damals machte ein Kollege gerade die ersten randomisierten Experimente in Kenia. Das war in den späten 1990er Jahren. Er wollte erreichen, dass mehr

Kinder die Schule besuchen. Da tat ich mich in Indien mit einer lokalen NGO zusammen. Deren Ziel war, dass die Schüler mehr lernten. Wir teilten also 120 Schulen zufällig in Gruppen ein und untersuchten in jeder Gruppe die Wirkung einer bestimmten Unterrichtsmethode.

Was fanden Sie heraus?

90 Prozent der Kinder waren total überfordert. Denn gerade in Entwicklungsländern bringen die Schüler sehr unterschiedliche Voraussetzungen mit. Die Lehrer unterrichteten aber nur für die Besten. Einmal habe ich mich ins Klassenzimmer gesetzt. Da erklärte die Lehrerin Achtjährigen komplizierte geometrische Beweise! Die meisten Kinder schauten einfach nur aus dem Fenster. Wir fanden also, dass man die Schüler besser nicht nach Alter, sondern lieber nach ihren Fähigkeiten in Klassen einteilt. Und damit erreicht man spektakuläre Erfolge.

Eigentlich logisch.

Ja, aber der gesunde Menschenverstand macht so viele Vorschläge, die ebenfalls gut klingen: Schulbücher verteilen, Mädchentoiletten bauen, Computerräume einrichten, und so weiter. Bringt alles viel weniger.

Sie hätten auch einfach Schüler, Lehrer und Eltern fragen können.

Die Leute haben meist keine Ahnung. Viele Eltern wollen zum Beispiel, dass ihre Kinder auf Englisch unterrichtet werden. Weil aber das Englisch der Kinder häufig miserabel ist, bleibt ihnen dann kaum Zeit für andere Fächer. Wir selbst haben zehn Jahre gebraucht, um das zu verstehen. Und die Lehrer spulen einfach ihren unsinnigen Lehrplan ab. Dazu sind sie nach indischem Gesetz sogar verpflichtet.

Ich könnte Ihnen von ähnlichen Absurditäten aus dem deutschen Bildungswesen erzählen.

Und bestimmt nicht nur aus den Schulen. Darum haben wir unsere Methode aus den Entwicklungsländern nach Europa und in die USA exportiert. Viele Länder der EU zum Beispiel bezahlen jungen Arbeitslosen ein Training für Bewerbungsgespräche. Wir haben randomisierte Experimente gemacht: Die Arbeitslosen mit Training finden tatsächlich schneller einen Job – aber nur solange, wie nicht alle Bewerber an einem Ort das Training bekommen. Wenn das Bewerbungstraining also zum Standardprogramm wird, ist es ganz einfach herausgeworfenes Geld.

Was sollte man stattdessen tun?

Die traurige Antwort ist: Wir haben derzeit keine guten Programme, um Arbeitslosen bei der Jobsuche zu helfen.

Und allein mit Ihren Experimenten lassen sich auch keine finden. Denn zunächst zeigen Ihre Versuche, was alles nicht funktioniert.

Trotzdem ist die Methode nützlich. Bevor Sie wirkungsvoll helfen können, müssen Sie erst viele Irrwege gehen. Und dabei versteht man die Zusammenhänge mit der Zeit immer besser. So führt ein Experiment zum nächsten, und am Ende kommt mitunter doch eine hilfreiche Lösung heraus.

Zu Ihren Kritikern gehört Angus Deaton, der 2015 den Wirtschaftsnobelpreis bekam. Er wirft Ihnen vor, dass Ihre aufwendigen Experimente, für die Sie Tausende Menschen jahrelang beobachten müssen, viel zu wenig Ertrag brächten. Denn wenn etwas an einem Ort hilft, müsse es anderswo noch lange nicht funktionieren.

Natürlich brauchen Sie in Afrika ganz andere Strategien als in Europa. Wir verschreiben ja keine Pille, die unter allen Umständen wirkt. Aber wir sagen, worauf man achten sollte, damit eine Maßnahme greift. Zudem gilt manches eben doch recht allgemein. Lange hat man zum Beispiel auf Mikrokredite als Weg aus der Armut gesetzt. Wir konnten allerdings in sechs sehr verschiedenen Ländern und unter verschiedenen Umständen zeigen, dass solche Darlehen von ein paar Hundert Euro die Armut nicht dauerhaft lindern. Sie verschaffen den Menschen nur vorübergehend etwas mehr Spielraum. Und die extrem Armen erreichen Sie mit Mikrokrediten so gut wie gar nicht.

Das sind die Menschen, die Unterstützung am dringendsten brauchen, weil sie mit weniger als 1,25 Dollar am Tag auskommen müssen.

Aber wir konnten eben auch zeigen, dass sich Menschen in all diesen Ländern sogar aus extremer Armut befreien können, wenn sie nur die richtige Hilfe bekommen.

Und zwar welche?

Man bezahlt den Familien vorübergehend ein kleines monatliches Grundeinkommen, dessen Kaufkraft bei uns 20 bis 60 Euro entspräche. Außerdem schenkt man den Familien ein paar Hühner, Ziegen oder einen anderen Lebensunterhalt, und betreut sie auch noch regelmäßig. Um die Methode zu testen, sind wir in Äthiopien, Ghana, Honduras, Indien, Pakistan und Peru in Dörfer gegangen, und haben nach den jeweils Ärmsten gefragt. Meistens waren es Menschen, die einen Schicksalsschlag hinter sich hatten: Der Mann hatte sie verlassen oder trank, ein Kind war behindert, und so weiter. Die Betroffenen arbeiteten kaum und aßen zu wenig. Aber mit diesem Programm, das eine Organisation aus Bangladesch erfunden hat, fanden viele Teilnehmer aus ihrer Lage heraus. Überall ging es den Teilnehmern auch noch nach drei Jahren besser. In Indien haben wir nach sogar fünf Jahren noch einmal getestet und fanden, dass es weiter aufwärts ging im Leben dieser Menschen.

Wenn dem so ist, dann beeinträchtigt Armut die Menschen auf der ganzen Welt auf ähnliche Weise.

Wir nennen das die Armutsfalle. Ich glaube, es hat viel mit der seelischen Verfassung zu tun. Die extrem Armen leiden vor allem daran, dass sie ihre Hoffnung verloren haben. Ich kann das allerdings noch nicht beweisen. Wir wissen aber aus Experimenten, wie sehr Zukunftsangst Menschen behindert. Wer tatsächlich oder auch nur vermeintlich in einer finanziellen Notlage ist, trifft schlechtere Entscheidungen. Und Kleinbauern kommen, wenn der Regen ausgefallen ist, sogar mit einfachen Denkaufgaben nicht mehr zurecht.

Das wundert mich nicht. Kein Geld zu haben bedeutet Stress. Stresshormone beeinträchtigen ganz besonders die Regionen des Großhirns, die für Entscheidungen und logisches Denken zuständig sind. Dasselbe beobachtet man, wenn Menschen sich unter Zeitdruck fühlen. Wenn der Stress längere Zeit andauert, führt das oft zu einer Depression. Und dann ist der Betroffene erst recht handlungsunfähig.

Dazu kommt die Unterernährung. Erstaunlicherweise essen viele Arme selbst dann zu wenig, wenn sie sich drei Mahlzeiten am Tag leisten könnten. Ich erinnere mich an einen Besuch bei einem klar unterernährten Mann in einem abgelegenen Dorf in Marokko. Aber als wir in seine Wohnung kamen, entdeckten wir dort einen Fernseher samt Satellitenschüssel und DVD-Player. Er erzählte, darauf habe er lange gespart.

Das bisschen Unterhaltung war ihm wichtiger als ein voller Magen.

Ja. Und wenn Sie das übersehen, dann scheitert gutgemeinte Hilfe.

Wie bringt man denn die Menschen dazu, sich wenigstens gut zu ernähren? Empfehlen Sie als Französin wohlschmeckenderes Essen?

Wir haben alles Mögliche versucht. Wir haben mit Vitaminen angereichertes Mehl und Jodsalz verteilt. Die Menschen nahmen beides nicht an. Dabei wissen wir aus anderen Untersuchungen, wie viel gerade Jod ausmachen kann. In einem Projekt in Tansania bekamen schwangere Frauen Jodtabletten. Jahre danach brachten ihre Kinder deutlich bessere Schulleistungen als Kinder von Müttern, die kein Jod zu sich nahmen …

… weil sich das Gehirn des Fötus unter Jodmangel schlechter entwickelt. Fast noch erschreckender finde ich, dass sich die körperlichen Folgen der Armut über Generationen hinweg zeigen. Inder und andere Südasiaten sind nicht etwa wegen ihrer Gene im Durchschnitt kleinwüchsiger als wir. Sie sind es, weil ihre Eltern oder ihre Großeltern in kritischen Wachstumsphasen weniger Nahrung bekamen. Der Effekt verschwindet erst in der dritten Generation. Dann sind Amerikaner mit indischen Vorfahren im Durchschnitt so groß wie Amerikaner mit europäischen Wurzeln.

Außerdem sind die Erstgeborenen jeder Familie fast immer größer als ihre Geschwister. Als sie in der kritischen Wachstumsphase waren, kauften ihre Eltern noch ausreichend Nahrung. Aber ab der zweiten Geburt werden die Kinder dann kleiner. Sie behalten diese geringe Größe das ganze Leben, und geben sie an die eigenen Nachkommen weiter.

Wahrscheinlich weil der frühe Mangel zwar nicht die Gene selbst, wohl aber die Steuerung der Gene veränderte.

So ist es. An Mäusen wurde dieser epigenetische Effekt nachgewiesen. Weil sich viele Wirkungen der Unterernährung erst so viel später zeigen, ist es so schwer, Menschen in Armut dazu zu bringen, genug zu essen.

Eigentlich geht es da dem armen Dorfbewohner in Indien oder Marokko nicht anders als manchem Deutschen, der es nicht schafft, sich vernünftig zu ernähren.

Ja. Es ist ein Klischee, dass die Armen ganz anders leben als wir. Sie schlafen eben nicht auf einem Quadrat von einem mal einem Meter zusammengekrümmt, wie ich als Kind dachte. Wer ihnen zuhört, erfährt zwar von härteren Leben. Und doch erscheint einem vieles sehr bekannt: Diese Menschen kämpfen mit den Widersprüchen des Lebens, möchten ihren Kindern einen guten Start geben, pflegen ihre Freundschaften, sehnen sich nach einem Sinn in ihrem Leben und wollen Spaß – wie wir.

Sie erinnern mich an einen berühmten Wortwechsel zwischen Ernest Hemingway und seinem Kollegen F. Scott Fitzgerald. »Die Reichen sind anders als wir«, sagte Fitzgerald. Hemingway erwiderte: »Ja, sie haben mehr Geld.« Die Armen haben weniger Geld.

Eben, und das schränkt sie ein. Stellen Sie sich eine Mutter in einem kenianischen Dorf vor. Sie lebt davon, dass sie Taschen verkauft. Damit ist sie noch nicht einmal extrem arm. Aber wenn sie Geld braucht, muss sie enorme Zinsen bezahlen, sofern sie überhaupt welches bekommt. Wenn sie ein begabtes Kind hat, kann sie sich die Schulgebühren nicht leisten. Wenn sie sich mit Malaria ansteckt, hat sie kein Einkommen mehr. Und vor allem muss sie jeden Tag Entscheidungen treffen, die uns wie selbstverständlich abgenommen werden. Wir machen uns keine Gedanken darüber, woher wir sauberes Wasser bekommen, es fließt aus dem Hahn. Die Krankenkasse erinnert uns daran, unsere Kinder rechtzeitig zu impfen. Wir müssen uns auch nicht groß um unser Alterseinkommen sorgen, das erledigt der Staat. Wir genießen den Luxus der Bevormundung.

Die Frau in Kenia muss ihr Leben ohne Hilfestellung bewältigen. Sie hat mehr Gelegenheit als wir, Fehler zu machen.

Und ihre Fehler haben ernsthaftere Folgen.

Was haben Sie von Menschen, die in Armut leben, gelernt?

Nichts, was ich unmittelbar in meinem eigenen Leben anwenden könnte. Aber indirekt viel: Der Knappheit an Geld, die ihnen so zu schaffen macht, entspricht bei vielen von uns Knappheit an Zeit. Und im Umgang damit unterlaufen uns ganz ähnliche Irrtümer. Wir sind so beschäftigt damit, jedes Detail zu regeln, dass wir den berühmten Elefanten im Raum übersehen.

Zum Beispiel, wenn Sie vor lauter Sorge um Ihre Karriere gar nicht bemerken, wie Ihre Partnerschaft in die Brüche geht.

Ja. Und davor bewahrt Sie auch nicht die höchste Intelligenz.

Im Grunde zielen alle Ihre Experimente darauf ab, dass Menschen bessere Entscheidungen treffen.

Da haben Sie recht. Ein großes Problem der Armut ist Information. Die Menschen sind einerseits zu wenig informiert, andererseits damit überfordert, aus dem, was sie wissen, die richtigen Schlüsse zu ziehen. Darum hat Entwicklung so viel mit Lernen zu tun.

Aber nicht nur jeder Einzelne lernt, sondern auch die ganze Gesellschaft. Wir in den entwickelten Ländern profitieren von den Erfahrungen, die unsere Vorfahren machten. Durch sie haben wir allmählich gelernt, eine Demokratie und einen Sozialstaat zu organisieren, und begriffen, warum man besser keine Religionskriege und keine Führerkulte anzettelt. Ich frage mich manchmal, ob es auf diesem Weg wirklich eine Abkürzung gibt, ob nicht jede Gesellschaft ihre Erfahrungen selbst machen muss.

Ich glaube allerdings, dass wir diesen Prozess beschleunigen können. Randomisierte Experimente sind nichts weiter als eine strukturierte und besonders effiziente Art, Erfahrungen zu machen. Und wer die Ergebnisse austauscht, kann vielleicht doch voneinander lernen. Darauf hoffe ich jedenfalls.

Kommt es gelegentlich auch vor, dass Sie an der Ungerechtigkeit der Welt verzweifeln?

Wenn mich etwas düster stimmt, dann die geopolitische Lage. Und natürlich schwindet mir mitunter der Mut, wenn ich sehe, wie gute Ideen an der Politik scheitern. Aber dann muss man es eben immer wieder versuchen. Im Großen und Ganzen bin ich optimistisch. In den meisten friedlichen Teilen der Welt ging die Armut während der vergangenen 15 Jahre, in denen ich diesen Job machte, zurück. Auch sonst haben sich die Zustände verbessert.

Die Frage ist doch, ob sie sich schnell genug verbessern. Wenn nicht, werden wir bald noch sehr viel mehr Armutsflüchtlinge an unseren Grenzen erleben.

Erstaunlich finde ich nicht, warum so viele, sondern, warum so wenige Flüchtlinge kommen! Dabei meine ich noch nicht einmal die Millionen Menschen, die ihr Leben vor einem Krieg retten könnten. Denken Sie nur daran, wie hart das Leben für die meisten Menschen in einem afrikanischen Land wie Benin, und wie angenehm es in Deutschland ist. Trotzdem bleiben fast alle dort, wo sie sind. Und das liegt keineswegs nur daran, dass Grenzkontrollen und Aufnahmelager sie abschrecken würden. Menschen gehen nämlich auch innerhalb ihres Landes viel seltener in eine andere Region, als man es erwarten würde. Selbst wenn sie wissen, dass die Löhne anderswo viel höher sind, bevorzugen sie ihre gewohnte Umgebung. Darum können wir uns offenere Grenzen sehr wohl leisten. Wenn wir stattdessen für erträgliche Verhältnisse in den Herkunftsländern sorgen, werden die allermeisten Menschen finden, dass sich die Reise nach Norden nicht lohnt. Schon kleine Verbesserungen bewirken da viel.

Vom Eigensinn eines Einwanderers

Der Physiker Stefan Hell über Deutschland als Ort seiner persönlichen Befreiung und den Weg zum Nobelpreis

Der Lebensweg von Stefan Hell liest sich wie ein modernes Märchen: Ein junger Mann kommt als Einwanderer nach Deutschland, seine einzige Habe sind sein Verstand und sein Mut. Er nimmt sich vor, ein Naturgesetz auf die Probe zu stellen, das jeder für unumstößlich hält. Weil aber keiner in seiner neuen Heimat an sein Vorhaben glaubt, muss er erneut in die Fremde. Unter dem Polarkreis verwirklicht er, allein, seine Pläne. Stefan Hell, der 1962 im rumänischen Arad geboren wurde, in Heidelberg Physik studierte und im finnischen Turku seine entscheidenden Entdeckungen machte, besitzt heute zwei Firmen, die Mikroskope mit einer zuvor nie erreichten Auflösung herstellen. Zudem ist er Direktor am Göttinger Max-Planck-Institut für biophysikalische Chemie, wo wir uns trafen. Im Jahr 2014 wurde Hell mit dem Chemienobelpreis geehrt. Aber so erstaunlich Hells Werdegang anmutet, so wenig zufällig ist er. Denn gute Ideen fallen nicht vom Himmel, sie brauchen ein Umfeld, in dem sie entstehen und gedeihen. So erzählt die Geschichte von Deutschlands jüngstem Nobelpreisträger von den Chancen und den Schwierigkeiten, in diesem Land Zukunft zu gestalten.

Herr Hell, Sie kamen 1978 aus Rumänien nach Deutschland. Damals waren Sie 15 Jahre alt. Wie haben Sie Ihre neue Heimat erlebt?

Als befreiend, gleich in doppelter Weise. Es war ein Land, in dem man frei sagen konnte, was man wollte. Und es war ein Land, in dem jeder meine Muttersprache sprach. Ich erinnere mich noch an einen Moment kurz nach der Ankunft, an dem ich auf dem Bahnsteig in Ludwigshafen stand und mich freute, dass jetzt die Aufschriften auf Deutsch waren. Auch das habe ich als sehr befreiend empfunden.

Sie stammen aus der deutschsprachigen Minderheit in Rumänien – wie meine Familie übrigens auch. Bildung ist für die Rumäniendeutschen traditionell ein sehr hoher Wert.

Unser Haus war voller Bücher. Dabei lebten wir in einer größeren ländlichen Gemeinde. Doch das kommunistische System machte den Familien klar: Wem es nicht gelingt, eine gute Ausbildung zu bekommen, der wird es unter Umständen sehr schwer haben. Die Schule war in deutscher Unterrichtssprache und sehr gut. Letztlich lag es an den Lehrern und auch daran, dass wir eine Minderheit waren.

Die Lehrer wollten in der Dorfgemeinschaft, in der sich die meisten ja kannten, einen guten Job machen.

So kamen sie auf das Gymnasium in Temeswar, das auch die Literaturnobelpreisträgerin Herta Müller besuchte. Sind Sie sich eigentlich damals begegnet?

Nein, sie war zu einem anderen Zeitpunkt da. Es war sehr wichtig für mich, auf dieser Schule zu sein. Die Konkurrenz, hineinzukommen, war sehr hart. Es gab sehr wenige Plätze. Aber wenn man es dort schaffte, wusste man, dass man gut ist. Dadurch waren die meisten Schüler hochmotiviert, und erst recht die aus dem Umland, so wie ich. Man hat an Wettbewerben teilgenommen und sie gewonnen. Ich empfand den Unterricht nicht als hart, sondern als fordernd, und auf jeden Fall als sehr interessant. So war ich, als ich nach Deutschland kam, den Gleichaltrigen in den Naturwissenschaften um gut ein Jahr voraus.

Wünschen Sie sich eine solche Schule für Ihre eigenen Kinder?

Göttingen hat gute Schulen, und ich glaube, meine Kinder bekommen einen guten Unterricht. Aber einiges, was mir meine Schulen mitgaben, vermisse ich hier schon. Strukturierung zum Beispiel. Ohne Frage ist es wichtig, die Kreativität der Kinder zu fördern. Dafür haben die Schulen in den letzten drei Jahrzehnten viel getan. Aber es gibt eben auch kanonisches Wissen. Sie müssen, simpel gesagt, das Einmaleins gut können. Die Kreativität braucht eine Basis, auf der sie aufsetzen kann. Ohnehin denke ich, dass Kreativität oft in der Persönlichkeit steckt. Selbst wenn man einen strukturierten Unterricht bietet: Jemand, der richtig kreativ ist, bricht da aus. Ich habe mir immer gesagt: »Das ist alles schön und gut, was ich da lerne. Aber das heißt noch lange nicht, dass es der Weisheit letzter Schluss ist.« Wir sollten Wissen vermitteln – doch mit diesem augenzwinkernden Touch, das unser Wissen nicht der Weisheit letzter Schluss ist. Für mich hatte es auch mit der permanenten Erfahrung zu tun, dass gerade in den gesellschaftlich und politisch angehauchten Fächern das gesagt wurde, was – heute würde man sagen – »politisch korrekt« war und einem am wenigsten Ärger einhandelte, und nicht unbedingt das, was wirklich stimmte.

Sind Sie ein Rebell?

Rebell hört sich so nach Umstürzler an und auch ein wenig nach Ärger machen und vielleicht auch Gewalt. Nein, das bin ich nicht. Ich habe nur sehr früh gelernt, vorgefertigte Meinungen zu hinterfragen. Die gibt es übrigens auch in der Naturwissenschaft. Denn Wissenschaft wird immer von Menschen gemacht, die natürlicherweise immer eigene Interessen haben.

Sie sagten einmal, Sie hätten Ihr Physikstudium als eine weitere Befreiung empfunden. Wovon?

Von den Dingen, die mir weniger Spaß machten. Den Französischunterricht und viele andere Fächer der Oberstufe empfand ich ein wenig als Behinderung: Sie hielten mich davon ab, zu tun, was ich eigentlich wollte. Ich hatte das Gefühl, Physik liegt mir, da kann ich einen Beitrag leisten. Erst später habe ich gemerkt, wie schwer das ist, wirklich eine fundamentale Entdeckung in den Naturwissenschaften zu machen. Was interessant war: das Studium in Heidelberg war sehr liberal. Wir konnten tun, was wir wollten. Und wir hatten die Freiheit, phasenweise fast gar nichts zu tun. Aber dann gab es Prüfungen, in denen man zeigen musste, dass man alles verstanden hatte.

So habe ich mein Physikstudium auch erlebt: Ich lernte den Stoff aus reiner Begeisterung. Doch seit der Bologna-Reform ist die Ausbildung sehr verschult. Die Studenten jagen Credit Points hinterher. Wäre Ihr Werdegang heute noch möglich?

Das frage ich mich auch. Das alte, liberale System war eine Komponente meines Erfolgs. Es hat tendenziell Querdenker hervorgebracht. Die Vorlesungen waren ein Angebot, man konnte etwas daraus machen, oder auch nicht.

Nicht selten waren die Vorlesungen so schlecht, dass man sich ohnehin selbst einen Reim machen musste.

Absolut. Die Lehre wurde in diesem akademischen System wenig geschätzt, die Professoren bekamen kaum Anerkennung dafür. Weil der Stoff also nicht einfach nach der Devise »abgefragt, abgehakt« zu bewältigen war, musste ich nach Hause gehen und mich wirklich damit auseinandersetzen. Ich habe das alles aus Büchern zusammengeschrieben und noch einmal durchgekaut, bis ich die Zusammenhänge erkannte. Das brachte einen naturgemäß auf Einfälle, die andere nicht hatten. Vielleicht war es kein Zufall, dass meine Idee, die Gesetze der Beugungsgrenze im Mikroskop zu durchbrechen, im alten deutschen System entstand – und nicht an einer der damals schon verschulten amerikanischen Universitäten.

Seit über einem Jahrhundert ist es Lehrbuchwissen, dass ein Lichtmikroskop aufgrund der Beugung keine Strukturen kleiner als eine halbe Lichtwellenlänge auflösen kann. Wie kamen Sie auf den Gedanken, diese Grenze zu umgehen und praktisch unbegrenzt scharfe Mikroskope zu bauen?

Zur Mikroskopie kam ich wie die Jungfrau zum Kind. Ich habe die klassische Optik fast »gehasst«. Das war eine Wissenschaft des 19. Jahrhunderts, ich empfand sie als das langweiligste Gebiet der ganzen Physik. Eigentlich wollte ich Kernphysik oder Teilchenphysik oder so was machen. Aber gegen Ende meines Studiums war ich verunsichert, ob ich wirklich als Wissenschaftler erfolgreich sein könnte und meine Existenz sichern. Das war ein Nachteil des liberalen Systems: Man konnte sich selbst sehr schwer einschätzen. Ich wusste nicht, wie gut ich war. Konnte ich es wagen, meiner Neigung, Forschung zu machen, nachzugehen? Meine Eltern waren damals in einer nicht ganz einfachen Lage. Bei meiner Mutter war gerade Brustkrebs diagnostiziert worden, und mein Vater hatte keinen sicheren Job. Um nicht potentiell als Taxifahrer zu enden, entschied ich mich für eine sehr angewandte Diplomarbeit. Damit würde ich später auf jeden Fall Arbeit bekommen. Es ging darum, mit einem Laserstrahl Strukturen für Computerchips zu schreiben. Ich schob also auf einem Tisch Bauelemente hin und her, fertigte technische Zeichnungen an und war froh, wenn es Freitagabend war. Dann wurde eine Doktorarbeit daraus, die ich wiederum annahm, weil ich Sicherheit wollte. Um wenigstens das Beste daraus zu machen und nicht zu versauern, begann ich, über das Problem der Auflösung nachzudenken. Denn das fand ich spannend. Es war plötzlich für mich das einzige interessante Problem, über das es sich lohnte ernsthaft nachzudenken – das einzige Spannende in der Optik.

Als Einwanderer nach Deutschland mussten Sie sich durchbeißen. Wessen Familie dagegen schon länger hier war, sah sich viel seltener in seinen Lebensentscheidungen zu Kompromissen gezwungen. So ging ich zum Beispiel, meinem Wunsch entsprechend, in die theoretische Physik, ohne mir große Sorgen um meine künftige Stellung in der Gesellschaft zu machen. Sehen Sie ein Potential in diesem Hunger auf Erfolg, den Einwanderer brauchen, um zu bestehen?

Ja. Ich hatte Kommilitonen, die waren sehr gut, hatten aber nicht diesen Hintergrund als Einwanderer. Die waren selbstbewusst und sind in die Elementarteilchenphysik oder in die Theoretische Physik gegangen. Doch bei allem Respekt, dort hatten sie am Ende nicht diesen Einfluss auf die Wissenschaft wie ich. Ich hatte das Glück, an einem Thema zu arbeiten, das keiner machen wollte und alle als hoffnungslos ansahen. So konnte ich in Ruhe nachdenken, ohne in einem permanenten Konkurrenzkampf um Kleinigkeiten oder Eitelkeiten aufgerieben zu werden.

Selbstbewusst waren Sie auch. Den Mut, ein ehernes Gesetz der Physik herauszufordern, muss man erst einmal haben.

Ich wusste ja nicht, ob ich wirklich das Beugungsgesetz knacken kann. Ich habe mir gesagt, ich bin mir da nicht sicher, aber es ist auf jeden Fall drin. Und ich hatte das Gefühl, wenn ich mich hinsetze und mir das ein halbes Jahr oder ein Jahr oder drei Jahre überlege, und wenn es einen Weg gibt, dann komme ich auf jeden Fall drauf. Ich hatte Vertrauen in meine eigene Intuition.

Tatsächlich haben Sie den Weg gefunden. Als ich im Jahr 2014 durch Ihren Nobelpreis von Ihrer Entdeckung erfuhr, dachte ich spontan: Mein Gott, die Lösung ist so einfach! Da hättest du auch draufkommen können. Aber hinterher sagt sich so etwas leicht.

Trotzdem haben Sie recht. Mir war sehr früh klar, wenn es eine Lösung gibt, dann ist sie auf jeden Fall simpel. Ich wusste, dass ich keine schärferen Bilder bekomme, indem ich die Lichtfokussierung verändere. Wenn ich also mehr Trennschärfe wollte, musste ich mit den Zuständen der Objekte, die ich anschaue, spielen. Das mache ich noch heute mit meinen Leuten so, wenn wir etwas entdeckt haben: Wir brechen es auf das Simpelste herunter. Was ich nicht jedem sofort in ganz einfachen Sätzen erklären kann, habe ich selbst nicht kapiert.

Im Grunde haben Sie ausgenutzt, dass die Natur keine allmählichen Übergänge kennt, sondern Sprünge macht. Das ermöglicht es, Moleküle, die mit ihrem Leuchten das Bild überstrahlen, einfach abzuschalten.

Genau. Dann sehe ich nur noch die Moleküle, die ich sehen will. Das war meine fundamentale Entdeckung. Und an diese Idee habe ich geglaubt.

Aber niemand in Deutschland hat Sie unterstützt. Eine Zeitlang hielten Sie sich mit dem Geld Ihrer Großeltern über Wasser, wie die großen freien Erfinder des 19. Jahrhunderts.

Jetzt kann man das romantisieren, damals fand ich meine Situation gar nicht romantisch.

Hatten Sie Existenzängste?

Ja. Und ich brauchte manchmal nachts länger, um einzuschlafen.

Sie als Einzelkämpfer passten offenbar nicht in den heutigen Wissenschaftsbetrieb. Dort werden die Teams immer größer, die Abläufe immer arbeitsteiliger. Geben wir dem Individuum in der Forschung zu wenig Raum?

Ich war Einzelkämpfer mit meiner Idee, auch mit meiner Entschlossenheit, die Grenze zu durchbrechen. Wenn ich in meinen ersten Jahren aufgehört hätte, wären wir heute wahrscheinlich nicht da, wo wir sind. Man darf also das Individuum nicht unterschätzen. Aber ich hatte erst Aushilfsstudenten, später auch Doktoranden, die mir halfen, die langen Messnächte durchzuhalten. Eine Person kann nicht alles machen. Ich war in der Arbeit über die längsten Strecken nicht alleine, ich war aber ziemlich alleine mit der Idee, dass es unbedingt gehen muss.

Sie bekamen dann eine Stelle in Turku. Hat Finnland Ihnen gefallen?

Es fiel mir ein wenig schwer, nach Finnland zu gehen. Ich ließ in Heidelberg meine Freundin zurück und verlor ein zweites Mal meine Heimat, die meisten Bezugspunkte, die ich mir nach 1978 in Deutschland aufgebaut hatte. Aber wenn ich meiner Idee nachgehen wollte, hatte ich gar keine Wahl. Ein Professor wollte dort eine Firma gründen und brauchte Know-how über Fluoreszenzmikroskope. Ich versprach mir dafür Freiraum für meine verrückten Ideen.

Hofften Sie auf eine Rückkehr nach Deutschland?

Ja. Ich spekulierte darauf, wenn die Idee funktioniert, werde ich hier Arbeit bekommen. Zu welchen Ehren ich einmal gelangen würde, daran dachte ich nicht im Entferntesten. Ironischerweise war ich damals oft in Stockholm, das ist von Turku aus nur eine kurze Fahrt über einen Arm der Ostsee. Aber der Nobelpreis war nichts, was ich mit meiner Person assoziierte. Ich hatte es ja noch nicht einmal geschafft, in einem anständigen Journal zu publizieren.

Dann gab Ihnen das Göttinger Max-Planck-Institut, wo Sie heute Direktor sind, eine Chance als Leiter einer Nachwuchsgruppe. 2006 bekamen Sie mit dem Zukunftspreis die erste größere Auszeichnung. Was bedeuten Ihnen Preise?

Am Anfang waren sie als Bestätigung wichtig. Diese Anerkennung brauchen Sie, wenn Sie immer wieder öffentliche Kritik einstecken müssen. Noch zur Zeit des Zukunftspreises zweifelten ja viele Leute an mir. Während der Preisverleihung, bei der ja alle Nominierten geladen sind, rechnete ich mir daher keine großen Chancen aus. Als Klaus von Klitzing, Physiknobelpreisträger und Mitglied der Jury, in den Saal hereinkam, in dem die Show mit der Vorstellung der Kandidaten durch Maybritt Illner und die Verleihung stattfand, konnte ich hören, wie jemand fragte, ob das Preisgericht sich entschieden habe. »Ja, ich hoffe, es war für den Richtigen«, hörte ich Herrn Klitzing sagen. Inzwischen bin ich selbst in verschiedenen Preiskomitees und weiß, wie schwer es ist, Juror zu sein. Man kann nicht immer sagen, ob etwas wichtig wird oder nicht, und wie die Person tatsächlich einzuschätzen ist.

Heute zweifelt keiner mehr. Die Auflösungsgrenze für Lichtmikroskope ist gefallen, Sie haben den Nobelpreis entgegengenommen. Als Physiker haben Sie eigentlich alles erreicht. Was machen Sie jetzt?

Ich mache weiter. Das Verfahren kann besser, schneller und vor allem leichter zugänglich werden. Als endlich anerkannt war, dass hochauflösende Mikroskopie möglich ist, sagten die Leute: »Es geht prinzipiell, aber man kann es nicht verallgemeinern.« Doch, man kann. Dann haben sie gesagt: »Es ist nicht anwendbar.« Aber auch das haben wir gezeigt, und zwar an lebenden Zellen. Schließlich sagten sie: »Es ist anwendbar, aber schwer durchzuführen.« Auch das haben wir widerlegt. Ich werde nie vergessen, wie sich bei der Verleihung des Zukunftspreises der damalige Bundespräsident Köhler vorne hingestellt hatte und sagte: »Bitte, schaffen Sie Arbeitsplätze.« Arbeitslosigkeit war 2006 ein echtes gesellschaftliches Problem. Wir haben es gemacht. Wir haben 2012 zwei Firmen gegründet, die mittlerweile 35 Leute beschäftigen und sehr schnell wachsen. Darauf bin ich genauso stolz wie auf den Nobelpreis.

Das Produkt ist ein Lichtmikroskop, das die Proteinverteilung in Zellen auflösen kann. Damit sieht man Krankheiten gewissermaßen am Ort ihres Entstehens.

Diese Konsequenz meiner Erfindung war mir natürlich klar. Aber sie war nicht das, was mich getrieben hat. Für mich zählte die Erkenntnis, dass man die Auflösungsgrenze durchbrechen kann.

Sie haben 2006 vorhergesagt, dass in zehn Jahren jede Klinik mit einem der von Ihnen erfundenen Mikroskope ausgestattet sein werde. Ist es so gekommen?

Zehn Jahre war zu optimistisch – aber das lag nicht ganz in meiner Hand. Hätte es das getan, wären wir vielleicht fast schon da. Aber es ist fast so gekommen, denn es gibt die Hochauflösung in vielen Variationen. Mein STED-Verfahren war nur die erste Methode, die gezeigt hat, dass so etwas überhaupt möglich ist. Und wenn Sie all diese Verfahren zusammennehmen, dann werden Sie heute in jeder ernstzunehmenden Forschungsklinik so ein Gerät finden. Dass die Verbreitung noch nicht so hoch ist, wie ich es mir damals gewünscht habe, liegt weniger an technischen als an wirtschaftlichen und patentrechtlichen Gründen.

Was wünschen Sie sich von der Gesellschaft?

Dass sie erkennt, wie entscheidend ihre Entwicklung von der Wissenschaft abhängt. Wichtige wissenschaftliche Erkenntnisse sind historische Einschnitte. Stellen Sie sich heute ein Leben ohne elektrischen Strom vor! Oder die Maxwell-Theorie, die die Phänomene des Elektromagnetismus beschreibt. Sie hat die ganze Telekommunikation ermöglicht, Radio, Funkverkehr. Das hat die Welt stärker verändert als Napoleon oder sonst ein Herrscher. Man sollte den Erkenntnisgewinn fördern, ihn aber auch in die Gesellschaft integrieren. Auch ist es wichtig, das Wissen, das wir in Deutschland oder Europa kreiert haben, hier zu verwerten.

Was hat sich im Forschungsland Deutschland in den 20 Jahren verändert?

Als ich begann, waren die Strukturen noch sehr feudal. Lehrstuhlinhaber und Institutsdirektoren waren beinahe Alleinherrscher, der Nachwuchs musste sich als Habilitant verdingen. Querköpfe konnten sich da sehr schwer durchsetzen, es sei denn, der Chef war liberal oder förderte das. So machte ich meinen Weg dann auch außerhalb dieser akademischen Welt. Heute haben wir Konzepte wie Nachwuchsgruppen und Juniorprofessoren. Ich sehe es inzwischen eher als Problem, dass wir nicht immer rigoros genug selektieren. Dadurch kommen zu viele Leute dran, denen es nur um ihre Karriere geht, nicht um die Sache. Sie spielen das System um die ›Credit points‹.

Was raten Sie jungen Leuten, die heute eine ungewöhnliche Idee ausprobieren wollen?

Ich versuche, solchen Leuten eine Art geschütztes Labor zu geben, wie ich selbst es mir gewünscht hätte. Seit kurzem bin ich auch Direktor am Heidelberger Max-Planck-Institut für medizinische Forschung. Da will ich ausprobieren, wie so etwas funktionieren kann. Wer als Doktorand oder in der frühen Post-Doc Phase mit einer interessanten Idee dorthin kommt, soll arbeiten können, ohne von einem Chef oder dem üblichen Veröffentlichungsdruck abhängig zu sein. So ähnlich wie früher bei Bell Labs …

… der berühmten Forschungsabteilung der amerikanischen Telefongesellschaft. Aus dieser ging ein Dutzend Nobelpreisträger hervor.

Die Leute sollen ein wissenschaftliches Risiko eingehen können, ohne ein soziales Risiko auf sich zu nehmen.

Was geschieht, wenn sie scheitern?

Dann sind sie ehrbar gescheitert. In diesem Fall können sie nachweisen, dass sie es wirklich versucht und dabei gute Arbeit geleistet haben. Und allein, dass sie es in unseren Club geschafft haben, spricht für sie. Wir werden uns unsere Leute sehr genau aussuchen. Einen sehr guten Wissenschaftler erkennt man schon daran, dass er sich ein originelles Thema wählt. Wir sollten wegkommen von einer Kultur, die nur das Ergebnis beurteilt.

Das Leben kam aus dem Weltraum

Der Astrophysiker Ben Moore über Außerirdische, den Zufall unserer Existenz und Elefanten im All

Ein nacktes Paar steht vor einer Weltraumkapsel; die rechte Hand des Mannes ist zum Gruß erhoben. Ich war vielleicht acht Jahre alt, als ich diese Zeichnung in einem Buch meiner Eltern entdeckte, und sie beeindruckte mich tief. Dieses Bild sollte Außerirdischen erklären, wer wir Menschen sind. Es war auf einer Metalltafel eingraviert, die an Bord der amerikanischen Raumsonde Pioneer 10 in den interstellaren Kosmos reiste – der erste Versuch der Menschheit, mit fremden Intelligenzen in Verbindung zu treten. Das war 1972.

Dass es auch anderswo im Universum Leben geben könnte, erschien damals schwer vorstellbar. Heute dagegen spreche alles für Millionen belebte Planeten im All, sagt Ben Moore, der als Kosmologe an der Universität Zürich die Ursprünge der Welt untersucht. Wir trafen uns in einer

Ausstellung über Kosmologie in den alten Kulturen im Zürcher Museum Rietberg, wo der 1966 in England geborene Moore gerade Gastwissenschaftler ist. Zur Begrüßung überreichte mir dieser vielseitige Forscher ein Album mit sphärischer elektronischer Tanzmusik, das er gerade als Gitarrist eingespielt hatte.

Herr Moore, erinnern Sie sich an die Pioneer-Zeichnungen?

Natürlich. Ich mochte allerdings noch lieber, was die Amerikaner mit der Voyager-Mission ins All geschickt haben: Dieses 1977 gestartete Raumschiff hatte eine goldene Schallplatte mit Geräuschen und Musik von der Erde dabei!

Inzwischen haben Pioneer und Voyager unser Sonnensystem verlassen. Sie sind gut 15 Milliarden Kilometer in den Weltraum vorgedrungen. Aber die Chance, dass fremde Intelligenzen diese galaktische Flaschenpost finden, liegt ungefähr bei null, fürchte ich.

Sicher, derzeit erscheinen diese Botschaften sinnlos. Und doch finde ich es inspirierend, sich vorzustellen, dass wir etwas so weit fortgeschickt haben. Es ist doch eine Schande, dass sich noch keine Menschen auf eine solche Reise gemacht haben.

Wann haben Sie zum ersten Mal über Außerirdische nachgedacht?

Als Kind. Damals liefen in der BBC die »Clangers«, eine Serie über mausähnliche Wesen, die in Mondkratern leben, dort nach Goldmünzen suchen und dabei Pfeifgeräusche machen. Später kam »Doctor Who« mit seiner Zeitmaschine, die aussieht wie diese alten englischen Polizeinotrufzellen. Er kämpft mit den Daleks, kriegerischen Außerirdischen. Vor denen habe ich mich gefürchtet. Später habe ich alle Science-Fiction-Klassiker gelesen. Im Moment versuche ich, selbst einen Roman zu schreiben.

Dass Science-Fiction Jungen auf den Geschmack der Wissenschaft bringt, klingt fast wie ein Klischee.

Schon viele Wissenschaftlerkarrieren haben mit Raumschiff Enterprise begonnen. Ich fand es anregend, mir auszumalen, was es in unserer Galaxie alles geben könnte, jenseits unseres Sonnensystems. Nach meinem Studium hätte ich dann beinahe bei British Aerospace angefangen. Ich träumte davon, Weltraumraketen zu konstruieren.

Warum taten Sie es nicht?

Das lag an meinem Vater. Er war Förster. Als Jugendlicher ging ich mit ihm hinaus in die Wälder. Er hat nie eine Universität besucht, aber er hinterfragte alles. Wie kommt der Saft in die Blätter der Bäume, warum ist der Abendhimmel rot, warum gibt es die Erde? Er las über schwarze Löcher, und sogar über Quantenmechanik dachte er nach. Als ich 14 war, haben wir zusammen den Doppelspaltversuch aufgebaut, mit dem man zeigen kann, dass Elementarteilchen Materie und Welle zugleich sind. Er wollte das merkwürdige Hell-Dunkel-Muster hinter den beiden Schlitzen selbst sehen und verstehen, woher die Photonen eigentlich wissen, welchen Weg sie nehmen sollen. Eigentlich verstehe ich das bis heute nicht. Jedenfalls wollte ich die Rätsel des Universums lösen, über die ich damals mit meinem Vater gesprochen habe.

Aber heute machen Sie weder Experimente noch stellen Sie Beobachtungen an, wie Astronomen es tun. Stattdessen simulieren Sie die Entstehung des Universums mit dem Computer. Was kommt dabei heraus?

Wir versuchen zu verstehen, wie sich die Dinge im Kosmos entwickelt haben. Die Entstehung einer Galaxie, eines Sonnensystems oder eines Planeten lässt sich in Gleichungen nachvollziehen, die Sie von Hand nicht lösen können. Aber mit Supercomputern geht es. Beispielsweise sind die Galaxien im Universum nicht zufällig verteilt, sie folgen einem Muster, dem kosmischen Netz. Dieses Muster hat seinen Ursprung in den Bedingungen während des Urknalls. Als Doktorand arbeitete ich in einer Gruppe, die sich die Frage stellte, ob man vom Urknall ausgehend ein Universum berechnen könne, das dem unseren ähnelt. Und das konnten wir. Heute interessiere ich mich dafür, wie Planeten entstehen.

Gläubige Menschen würden sagen, Sie versuchen, dem Schöpfer über die Schulter zu sehen.

Gott – was meinen Sie damit? Wer an Gott glaubt, hat doch gar keinen Grund, sich für solche Forschung zu interessieren. Das Universum gehorcht Regeln. Was mich schon seit Jahren umtreibt, ist die Frage, ob es trotzdem so etwas wie

Zufälligkeit gibt. Wenn sie existieren sollte, dann läge das an der Quantenmechanik …

… den seltsamen Phänomenen, denen man in der Physik der Atome und noch kleinerer Teilchen begegnet.

Wenn es echte Zufälligkeit gibt, wird es uns nie gelingen, unsere Zukunft und unsere Vergangenheit zu berechnen. Unser Sonnensystem zum Beispiel ist erschreckend chaotisch. Während der letzten Wochen untersuchte einer meiner Studenten am Computer, wie es entstanden sein mag. Sobald er nur einen kleinen Asteroiden ein wenig verschob, bildete sich ein völlig anderes Sonnensystem. Vermutlich hätte es in diesem Fall die Erde niemals gegeben.

Das hieße, wir verdanken unsere Existenz einem geradezu unglaublichen Zufall.

Ja, unser Leben verdankt sich dem Zufall. Aber auch ohne einen Planeten wie die Erde bekommen Sie in den meisten Fällen ein oder zwei Planeten in einem Abstand von der Sonne, der Leben noch zulässt. Auf der Oberfläche solcher Planeten kann es beispielsweise Wasser geben. Nur sind die chemische Zusammensetzung, die Größe und die Gravitation wohl anders als bei uns. So hätte sich unter diesen Bedingungen vielleicht anderes Leben gebildet. Und selbst wenn in unserem Sonnensystem nichts dergleichen geschehen wäre, wenn es die Erde also nicht gäbe, dann gibt es einen ähnlichen Planeten bestimmt anderswo.

Was macht Sie so sicher?

Die Tatsache, dass die Erde im All nichts Besonderes ist. Eigentlich ahnten das schon die alten Griechen.

Immerhin ist die Erde der einzige Ort im ganzen Universum, von dem wir wissen, dass er belebt ist.

Aber das könnte sich bald ändern. Letztes Jahr haben Astronomen erdartige Himmelskörper gefunden, Felsplaneten, die ihre Sonne in einem ähnlichen Abstand umkreisen wie wir die unsere. Der nächste ist nur zwölf Lichtjahre entfernt. Allein in unserer Galaxie muss es mindestens zehn Milliarden solche erdartigen Welten geben! Einige werden sich im Detail von unserer Erde unterscheiden, aber wir wissen: Jeder Stern ist von Wasser, Kohlenstoff und den anderen üblichen Elementen umgeben. Und mit Weltraumspektrometern werden wir bald in der Lage sein, Sauerstoff und andere Spuren des Lebens in der Atmosphäre dieser Planeten zu finden. In wenigen Jahrzehnten könnten wir außerirdisches Leben entdecken.

Was würde sich dann ändern?

Wir würden verstehen, was das Leben eigentlich ist. Wir würden eine bessere Vorstellung davon gewinnen, wie es entstand, woher wir selbst kommen. Den Menschen würden für viele Themen der Religion und Philosophie die Augen geöffnet. Sie würden die Sehnsucht entwickeln, das Universum besser kennenzulernen. Vermutlich würden sie Raumschiffe bauen wollen, um die fremden Welten zu besuchen.

Erst einmal muss man sie finden. Wie entdeckt man überhaupt Planeten in einem fernen Sonnensystem? Sie leuchten ja nicht.

Aber durch ihre Schwerkraft zerren sie an ihrer Sonne. Deshalb torkeln Sterne ein bisschen, wenn ein Planet sie umläuft. Diesen Effekt können Astronomen sehen. Außerdem deckt der Planet manchmal das Sternenlicht ab, wie bei einer Sonnenfinsternis. Solche Beobachtungen zeigen: So gut wie jeder Stern am Nachthimmel wird von Planeten umkreist.

Und was lässt Sie hoffen, auf manchen dieser Planeten sei Leben entstanden?

Moleküle ziehen einander an. Eben dadurch bilden sich Planeten – aber auch Strukturen, die sich selbst vervielfältigen können. Und mehr braucht es nicht, um das Leben in Gang zu bringen: Strukturen, die sich selbst vermehren und dabei Information an die nächste Generation weitergeben. Bei uns sind solche Strukturen entstanden. Warum also nicht in anderen Welten?

Weil andere Welten anders sein könnten. Sie selbst schreiben, wie viel zusammenkommen muss, um einen Planeten bewohnbar zu machen. Beispielsweise verdanken wir unsere Existenz nicht nur der Sonne, sondern auch dem Mond. Ohne ihn würde sich die Erde nicht so stabil um ihre Achse drehen.

Der Mond hat mich immer schon fasziniert. Seit den 1990er Jahren wissen wir, dass einsame Planeten ohne Monde kippen können. Plötzlich befindet sich der Nordpol dort, wo vorher der Äquator war. Damit ändert sich natürlich das Klima dramatisch, und weil das immer wieder geschieht, kann sich komplexes Leben kaum bilden. Was die Erde vor diesem Schicksal bewahrte, war die Kollision mit einem anderen Planeten vor 4,5 Milliarden Jahren. Dieser Himmelskörper, der so groß wie der Mars gewesen sein muss, schleuderte bei seinem Aufprall eine gewaltige Gesteinsmasse aus der Erde heraus. Daraus wurde der Mond. Und dieser ungewöhnlich große Mond stabilisiert seitdem die Drehachse der Erde.

Wir hatten einfach unverschämtes Glück.

Könnte man meinen. Aber vor ein paar Jahren hat einer meiner Doktoranden dieses Ereignis im Computer simuliert. Er kam zu dem Ergebnis, dass solche Kollisionen in einem jungen Sonnensystem häufig stattgefunden haben müssen. Einer von zehn erdähnlichen Planeten muss irgendwann mit einem marsgroßen Planeten zusammenstoßen, und kommt so zu einem Mond. Und dann kann das Klima so stabil werden, dass sich mit der Zeit große, sehr intelligente Geschöpfe entwickeln. Darum könnte ich mir vorstellen, dass es in vielen Sonnensystemen hochkomplexes Leben gibt – so etwas wie Elefanten im All.

Blicken wir doch noch einmal ganz an den Anfang vor knapp vier Milliarden Jahren zurück. Wir wissen nicht, was genau auf der Erde geschah, als das Leben begann. Was wir allerdings wissen, ist, dass diese junge Erde ein äußerst lebensfeindlicher Ort war.

Ja, riesige Asteroiden und radioaktive Strahlung bombardierten damals unseren Planeten. Und der Mond war zehnmal näher als heute und muss gigantische Flutwellen ausgelöst haben, durch die Leben nur schwer entstehen konnte. Darum glaube ich auch nicht daran, dass das Leben in einer Ursuppe im Ozean entstand. Vielmehr frage ich mich, ob es nicht in einem Asteroiden zu uns gekommen ist.

Sie meinen, dass wir Abkömmlinge von Außerirdischen sind?

Wenn Sie so wollen. Das Innere von großen Asteroiden ist eine ideale Brutstätte. Es ist lehmig, feucht, und von radioaktiver Strahlung abgeschirmt. In Asteroiden, die auf der Erde aufgeschlagen sind, wurden Tausende komplexe organische Moleküle gefunden: Vorstufen der Erbsubstanz DNA, sogar Zucker. Während ein solcher Asteroid Millionen, vielleicht Milliarden von Jahren die Sonne umkreiste, hätte in seinem geschützten Inneren Leben entstehen können.

Woher sollte es Energie und Nahrung beziehen?

Das Innere eines jungen Asteroiden ist warm, denn dort gibt es radioaktiven Zerfall. Nicht alles Leben ist auf Sonnenlicht angewiesen. Kürzlich ist man mehrere Kilometer tief unter der Erde auf Mikroben gestoßen, die im Fels leben und ihre Energie aus dem radioaktiven Zerfall des Gesteins beziehen. Ganze Nahrungsketten in den Ozeanen der Erde beruhen auf Schwefel. Und Expeditionen in die tiefsten Gräben des Pazifiks stießen auf einen geradezu unglaublichen Reichtum von Organismen. Selbst Fische tummeln sich dort. Unter der Eisschicht der gefrorenen Ozeane der Monde von Jupiter und Saturn herrschen übrigens ähnliche Bedingungen. Auch dort könnte es Leben geben.

Fred Hoyle, ein prominenter Kollege und Landsmann von Ihnen, behauptete schon in den 1980er Jahren, Mikroben seien aus dem Weltraum auf die Erde geregnet. Er behauptete sogar, das Aidsvirus sei aus den Weiten des Alls zu uns gelangt! Im Übrigen könnten auch höhere Zivilisationen im Weltraum das irdische Leben entworfen und auf der Erde eingesät haben, erklärte Hoyle. Mir scheint, er wollte ironisch zeigen, wie wenig wir von der Herkunft des Lebens verstehen. Er wurde belächelt. Fürchten Sie nicht, dass es Ihnen ebenso ergehen könnte?

Hoyle hat diese Reaktionen nicht verdient. Es ist durchaus möglich, dass sich Leben von einem Planeten zum nächsten verbreitet. Wir wissen, dass Trümmer vom Mars auf der Erde gelandet sind. Und nicht nur Mikroben können eine lange Reise durchs All überleben. Vor ein paar Jahren sind winzige Bärtierchen mit einem Satelliten in den Weltraum geflogen. Dort waren sie ungeschützt dem Vakuum, der extremen Kälte des Alls und der kosmischen Strahlung ausgesetzt. Nach ihrer Rückkehr zur Erde waren die Bärtierchen nicht nur wohlauf, sondern vermehrten sich sogar.

Unglaublich. Wie sehen Bärtierchen aus?

Wie Astronauten aus einer anderen Welt. Sie messen nur einen halben Millimeter, haben acht Beine, und man könnte meinen, dass sie einen Raumanzug tragen. Ein natürliches Frostschutzmittel in ihren Zellen verhindert, dass sie bei großer Kälte zerbrechen. In einer Umgebung ohne Wasser dehydrieren sie. Sie rollen sich dann zusammen und trocknen vollständig ein, als wären sie tot. Tatsächlich kommt der Stoffwechsel beinahe zum Erliegen. Aber sie warten nur darauf, dass sie sich wieder mit Wasser vollsaugen können. Dann leben die Bärtierchen auf, als wäre nie etwas gewesen. Sie sind die perfekten Weltraumreisenden.

Sie wollen sagen, dass die Bärtierchen aus dem All zu uns gekommen sein könnten?

Sind sie nicht. Ihre Erbsubstanz zeigt ihre Verwandtschaft mit allem anderen irdischen Leben.

Und so seltsam sie anmuten – ich würde erwarten, dass außerirdisches Leben noch viel fremdartiger ist.

Das ist durchaus denkbar. Sie müssen allerdings nicht in fernen Welten suchen, um exotische Lebensformen zu finden. Ich habe immer über die Vielfalt hier auf der Erde gestaunt. Fast alle Arten, die Umwelt wahrzunehmen, sind auf unserem Planeten verwirklicht. Es gibt Insekten mit einer Art von Zahnrädern an den Sprungbeinen, Ruderfußkrebse mit Teleskopaugen und Tiefseefische, die statt einer Augenlinse einen Vergrößerungsspiegel haben. Allerdings benutzt kein einziges Tier Radiowellen, um sich zu verständigen. Warum eigentlich nicht? Außerirdische könnten einen Sinn für solche Signale haben.

Unsere Nerven sind einfach zu träge. Mit Leitungen aus Protein, Fett und Wasser kann man keine Funksignale senden.

Nerven aus sehr dünnem metallischen Draht wären besser. Damit hätten wir viel kürzere Reaktionszeiten. Und wir könnten in Lichtgeschwindigkeit denken! Dass das Leben auf der Erde keine Nerven aus Draht verwendet, ist eigentlich ein spektakuläres Versäumnis.

Ich glaube, dass es viele solcher Versäumnisse gibt. Die Evolution sucht nie nach der optimalen Lösung. Sie geht von dem aus, was es zufällig schon gibt, und verbessert es ein wenig. Was dagegen abseits des Vorhandenen liegt, kann sich niemals entwickeln, auch wenn es vorteilhaft wäre. Darum konnte die Natur auf der Erde ihre Geschöpfe nie mit Drahtnerven ausstatten. Aber in anderen Welten könnte das Leben einen anderen Lauf nehmen. Dann würden Außerirdische vielleicht aus ganz anderen Bausteinen bestehen.

Ja. Man braucht Moleküle, die Information speichern, eine Flüssigkeit und ein Baumaterial. Aber das müssen nicht Wasser und Kohlenstoff sein. Silizium in Verbindung mit flüssigem Methan ginge auch. Vielleicht entdecken wir in anderen Welten auch Roboterleben. Ich glaube nämlich, wenn die Evolution voranschreitet, werden irgendwann Maschinen entstehen, die sich selbst reproduzieren.

Aber gibt es denn ein Gesetz, wonach außerirdisches Leben besonders hochentwickelt oder gar intelligent zu sein hat? Leben anderswo könnte auch auf einer simplen Stufe stehen bleiben.

Ich denke, Intelligenz ist allgegenwärtig. Ist das Leben erst einmal in Gang gekommen, ergibt sie sich automatisch. Gehirne entstanden, damit Tiere Sinneseindrücke besser verarbeiten können – ein evolutionärer Vorteil. Und je größer die Gehirne werden, desto mehr kann man mit ihnen auch andere Dinge anfangen, als nur Signale von Auge, Ohr und Nase auszuwerten.

Die erfolgreichsten Geschöpfe kommen ohne Hirn aus. 90 Prozent der Biomasse auf unserem Planeten sind Mikroben. Wir Menschen sind nur die Sahne auf der Torte.

Ja, aber intelligente Wesen können sich in einer Nische behaupten. Sonst wären wir nicht da. Und irgendwann könnten andere Geschöpfe mit Gehirn das Kommando übernehmen. In einer Million Jahre hat vielleicht der Oktopus das erfolgreichste Raumfahrtprogramm.

Und was wollen Tintenfische im All?

Ich meine damit einfach, dass sie in der Zukunft einen sehr hohen Entwicklungsstand erreicht haben könnten. Es würde aber nicht jeder intelligenten Spezies gleichermaßen leichtfallen, diesen Stand zu erreichen. Nehmen Sie zum Beispiel die Elefanten. Sie haben größere Gehirne als wir, Erinnerungsvermögen, und sind äußerst mitfühlend. Nur fehlen ihnen die Hände – daher keine Raumfahrt. Die hochintelligenten Delphine hätten das gleiche Handicap.

Vor allem zeigen die Delphine, wie schwer es für uns ist, eine andersartige Intelligenz zu erkennen. Ihre Lebensweise ist uns so fremd, dass wir nicht einmal wissen, wie klug sie wirklich sind. Würde die Menschheit eines Tages tatsächlich auf intelligente Außerirdische treffen, hätte sie erst recht dieses Problem.

Wir sind vielleicht gar nicht allzu weit davon entfernt, die Sprache der Delphine zu entschlüsseln.

Wirklich? Ich kenne niemanden, der Klicklaute versteht.

Das meine ich auch nicht. Wir müssten das Gehirn der Delphine kartieren und herausfinden, wie es funktioniert. Und das können wir tun.

Ich weiß nicht, ob das genügt, um sich mit ihnen zu unterhalten. Denkbar scheint mir, dass es so kommt wie in dem Science-Fiction-Klassiker »Solaris« von Stanisław Lem: Die Menschen begegnen auf einem fernen Planeten einer anderen Intelligenz, aber alle Versuche einer Verständigung scheitern. Ihr Verstand ist nicht in der Lage, das andere Wesen zu begreifen.

Vielleicht haben wir auch deswegen noch kein intelligentes Leben gefunden, obwohl wir nun schon seit Jahrzehnten mit Radioteleskopen den Himmel nach Funksignalen absuchen: Wir suchen möglicherweise an den falschen Stellen mit der falschen Technik. Eine außerirdische Zivilisation könnte sich ganz anderer Arten der Kommunikation bedienen, die wir leider nicht kennen.

Nehmen wir einmal an, ein Kontakt mit Außerirdischen käme zustande. Was würden Sie ihnen denn sagen wollen?

Ich würde vor allem Fragen stellen, die Aliens bitten, mir ihr Wissen zu erklären: Was ist dunkle Materie? Wie funktioniert das Bewusstsein? Und was kann ich tun, damit mein Bewusstsein nicht nur 80, sondern 1000 Jahre lebt?

Die Frage ist allerdings, was wir täten, wenn wirklich Außerirdische auf dem Weg zu uns wären. Ich fürchte, dann müssten wir ihr Raumschiff rechtzeitig vor der Landung zerstören.

Sie misstrauen den Absichten möglicher Besucher?

Wir wissen ja nicht, ob sie uns besser behandeln würden, als wir die Tiere auf unserem Planeten behandeln. Deswegen ist es auch dumm, wahllos Nachrichten in den Weltraum zu funken. Neuerdings kann ja jeder per Crowdfunding für fünf Dollar eine SMS in Richtung benachbarter Sterne absetzen. Allerdings glaube ich, dass es nicht so schlimm kommt. Denn eine Zivilisation, die von einem Stern zum anderen reisen kann, muss auf einer stabilen und friedlichen Gesellschaft beruhen. Wer Krieg führt, hat keine Mittel, um ernsthaft Raumfahrt zu treiben. Außerirdische, die zu uns reisen können, sollten deshalb in jeder Hinsicht höher entwickelt sein als wir. Solche Aliens möchte ich gerne treffen.

Die Aliens sind unter uns

Der Ökologe Paul Schmid-Hempel über Parasiten und den Ursprung von Sex

Wir sind wandelnde Lebensräume. Der menschliche Körper enthält gut 100 Billionen Zellen, aber die wenigsten davon sind menschlichen Ursprungs. Neunzig Prozent der Zellen in unseren Armen und Beinen, auf unserer Haut, in unserem Herzen und in unseren Gedärmen sind von ganz anderer Art: In der großen Mehrheit handelt es sich um Einzeller, Bakterien, Geißeltierchen und Amöben, die von den Produkten unseres Stoffwechsels leben. Auch von höheren Tieren sind wir besiedelt. Milben haben sich in unseren Nasenlöchern, Würmer im Verdauungstrakt niedergelassen. Mit vielen unserer Bewohner verbindet uns eine Symbiose, andere schmarotzen, einige erregen Krankheiten. Doch wer schadet, wer nützt uns? Die Antwort ist nicht nur alles andere als offensichtlich, sie verändert auch unseren Blick auf das Leben. Diese neue Sicht der Biologie verdanken wir wesentlich dem Zürcher Ökologen Paul Schmid-Hempel, der mit seinen Experimenten über die komplexen Beziehungen der Parasiten zu ihren Wirtsorganismen Pionierarbeit leistete. So konnte er zeigen: Ohne die Eindringlinge hätte es das Leben, wie wir es heute kennen, niemals gegeben. Wir verdanken den Parasiten unsere Existenz, weil sie unseren Organismus im Lauf der Evolution formten. Schmid-Hempel, 1948 in Zürich geboren, blieb seiner Heimatstadt lebenslang verbunden. Er studierte dort Biologie und Physiologie, bevor ihn die Eidgenössische Technische Hochschule zum Professor für Ökologie berief. Wir trafen uns am Berliner Wissenschaftskolleg. Er spricht mit sanfter Stimme und Schweizer Akzent.

Herr Schmid-Hempel, kennen Sie den Horrorklassiker »Alien«?

Der Film ist superb. Es gibt ja mehrere Folgen, die erste ist die beste.

Sie kam 1979 in die Kinos, als ich Teenager war, und hat mir schlaflose Nächte bereitet. Erinnern Sie sich an diesen schrecklichen ersten Auftritt des Aliens? Ein krakenartiges Wesen von einem fernen Planeten hat einen unschuldigen Astronauten umschlungen, aber bald wieder von ihm abgelassen. Alles scheint in bester Ordnung zu sein. Und dann bricht das Alien plötzlich aus dem Brustkorb des Astronauten hervor! Der Mann stirbt natürlich, und das Alien verschwindet in der Tiefe des Raumschiffs.

Bis zum Ende der 1970er Jahre dachte man, nur milde Parasiten sind gute Parasiten. Der Parasit dürfe seinem Wirt, von dem er ja abhängt, nicht zu sehr schaden. Doch zu der Zeit, als der Film anlief, erkannte man, dass ein Parasit sehr viel virulenter sein kann. Denn sein Erfolg bemisst sich daran, wie viele Wirte er schlussendlich befällt. Solange er in der Lage ist, auf neue Wirte überzugehen, kann der Parasit seinen Wirt auch töten.

Bei der Vorbereitung unseres Gesprächs hat es mich fasziniert zu sehen, wie realistisch »Alien« ist. Die südamerikanische Dasselfliege »Dermatobia hominis« zum Beispiel vermehrt sich genauso wie die unheimliche Kreatur aus dem All: Sie klebt ihre Eier auf den Bauch von Mücken; landet die Mücke auf einem Menschen, schlüpfen die Larven, bohren sich in den Wirtsorganismus hinein, wachsen dort, und brechen paar Wochen später als Würmer durch die Haut.

Ein Kollege hat eine solche Infektion einmal als Souvenir aus den Tropen mitgebracht. Er wollte sie nicht behandeln, weil es ihn interessierte, wie sich das entwickelt.

Was ist aus ihm geworden?

Plötzlich merkte er, wie sich etwas auf seiner Schulter bewegt. Das war die Larve der Fliege. Im Übrigen ging die Sache glimpflich aus. Er arbeitet noch immer als Parasitologe.

Für viele Menschen gehören solche Szenen zum Ekelhaftesten, was sie sich vorstellen können. Was brachte Sie als Biologe dazu, sich ausgerechnet den Parasiten zu widmen?

Wir arbeiten ja überwiegend mit Einzellern, die sich in Hummeln und anderen sozialen Insekten einnisten. Die sind unter dem Mikroskop sehr schön anzuschauen und gar nicht ekelig. Solche Parasiten haben unglaublich raffinierte Strategien erfunden, um ihren Wirt zu manipulieren und in ihn überzugehen. Beispielsweise verstecken sie sich in bestimmten Geweben, wo das Immunsystem sie nicht sieht. Bei Insekten ist das der Fettkörper, bei uns hausen vergleichbare Parasiten im Augapfel. Sie täuschen auch das Immunsystem mit gefälschten Molekülen. Ich finde es immer noch faszinierend, diesen Tricks auf die Schliche zu kommen. Als ich anfing, trieb mich wohl die Neugier auf das Unbekannte: Da draußen ist etwas, wovon man weiß, es existiert; aber niemand hat damals realisiert, wie bedeutsam Parasiten in der Natur sind.

Man könnte sie als Randexistenzen im großen Reich der Biologie ansehen.

So dachte man lange. Heute wissen wir aber, dass Parasiten die Mehrzahl der Organismen auf der Erde ausmachen. Ihre genaue Zahl kennt keiner. Schon auf einem gewöhnlichen Flussbarsch leben ungefähr hundert Arten.

Wie viele Arten von Schmarotzern leben auf und in mir?

Gewiss beherbergen Sie allerhand harmlose Flagellaten im Darm. Möglicherweise sitzt in Ihrer Muskulatur und in der Netzhaut *Toxoplasma gondii*. Mehr als die Hälfte aller Europäer ist mit diesem Einzeller durchseucht, der uns normalerweise ebenfalls keine Probleme bereitet. Und fast jeder trägt lebenslang das Herpes-Virus in sich. All diese sind Parasiten: Arten, die ihren Wirt ausnutzen, ihm schaden, und die der Wirt eigentlich loswerden will.

»Alien« hat eine eindrucksvolle Schlusspointe: Der Bordcomputer des Raumschiffs hatte die Besatzung absichtlich zu dem vom Alien befallenen Planeten und damit in den Tod geschickt. Die Maschine war nämlich darauf programmiert, das perfekte, weil unzerstörbare Leben zu finden. Halten Sie es für denkbar, dass Parasiten dem freien Leben überlegen sind?

Der Begriff »überlegen« ist immer gefährlich. Informativer und richtig ist: Parasiten können das Verhalten des Wirts völlig reprogrammieren. Man ist erstaunt und erschüttert zu sehen, was es da alles gibt. Wie bei allen Wirbeltieren, so ist auch unser Genom voller Retroviren. Die meisten sind erst vor ein paar Jahren durch das Human Genome Project zutage getreten. Was sie alle tun, weiß derzeit niemand. Aber es besteht die unheimliche Befürchtung, dass einige Retroviren unser Handeln manipulieren.

Nun sind wir den Viren und Mikroorganismen, Flöhen und Würmern, die sich in unserem Körper breitmachen und vielleicht sogar unsere Entscheidungen bestimmen wollen, nicht schutzlos ausgeliefert. Jeder Organismus hat ein Immunsystem, und Wirbeltiere sogar ein äußerst leistungsfähiges. Verglichen damit sind die meisten Parasiten ziemlich einfach gebaut. Warum gelingt es nicht, sie niederzuringen?

Weil Parasiten unglaublich variabel sind. Selbst innerhalb einer Art hat jeder von ihnen ein anderes Gesicht, wenn Sie so wollen. Das erschwert es dem Immunsystem, die Schädlinge zu erkennen. Auch nutzen Parasiten gezielt Schwachstellen im Immunsystem aus. Natürlich passt sich der Wirt immer wieder den Bedrohungen an. Aber oft hat der Parasit den entscheidenden Vorsprung. In den letzten Jahren haben wir erkannt, in welchem Maß der Wettlauf zwischen Wirten und Parasiten eine Triebkraft der Evolution ist. Ihm verdanken wir es wahrscheinlich, dass wir genetisch so variabel und damit individuell verschieden sind, oder dass wir überhaupt Sex haben. Denn ist es nicht seltsam, dass die meisten Lebewesen sich geschlechtlich vermehren?

Sex als Mittel der Fortpflanzung ist gnadenlos ineffektiv …

… nicht nur, weil Sie zwei Eltern brauchen, um einen Nachkommen in die Welt zu setzen. Auch dass Sie als erfolgreiches, gut angepasstes Individuum nicht Ihr ganzes, sondern nur Ihr halbes Genom weitergeben, und dies auch noch neu zusammenwürfeln, erscheint doch absurd. Warum sollte das so sein?

Die übliche Antwort ist: Sie wissen ja nicht, ob Ihr Genom immer noch optimal ist, wenn die Lebensumstände sich ändern. Sex dient der genetischen Durchmischung. Er erzeugt immer wieder neue Kombinationen von Genen und dadurch Vielfalt, die sich in einer möglicherweise veränderten Umwelt bewährt.

So haben es Evolutionsbiologen lange gesehen. Aber meist verändert die Umwelt sich langsam, im Lauf von mehreren Generationen. Den Preis für die sexuelle Vermehrung dagegen bezahlen die Eltern sofort. So gesehen kann sich der

Sex nicht lohnen. Was sich allerdings sehr schnell verändert, sind die Parasiten.

Sie meinen, es gibt zwei Geschlechter, und sie treiben Sex, nur um mit ihren Schmarotzern fertigzuwerden?

Die Theorie stammt von William Hamilton, dem großen englischen Evolutionsbiologen. Sie ist nicht die einzige, um sexuelle Fortpflanzung zu erklären. Aber viel spricht dafür. Beispielsweise wurde in Neuseeland eine Schneckenart untersucht, die sich sowohl geschlechtlich als auch ungeschlechtlich vermehren kann. Je stärker die Tiere von Parasiten befallen waren, umso öfter pflanzten sie sich geschlechtlich fort. Offenbar ist genetische Vielfalt und damit Sex eine Antwort auf die ständige Bedrohung durch Parasiten. Wenn sie nicht wären, dann hätten wir viel mehr genetischen Einheitsbrei. So haben die Parasiten dazu beigetragen, dass wir uns voneinander unterscheiden. Wir verdanken ihnen unsere Individualität. Ohne sie wäre unsere Welt eine ganz andere.

Gewiss ist es hilfreich, wenn Ihr Immunsystem etwas unterschiedlicher funktioniert als meines: So wird die nächste Grippewelle eher nur einen von uns beiden erwischen. Aber ich bezweifle, ob dies alle genetischen Abweichungen erklärt. Sie haben blaue Augen, ich braune. Was sollen verschiedene Pigmentierungen der Pupille schon gegen Parasiten ausrichten können?

Sie haben recht: Zunächst geht es wirklich nur um die Gene, die für die Interaktion mit den Parasiten wesentlich sind. Aber dort herrscht die größte genetische Vielfalt. Die

Evolution ist wie ein Potemkin'sches Dorf: Von weitem sehen Sie nur eine ziemlich uniforme Fassade. Ob einer nun blaue oder braune Augen hat, sie erkennen ihn als Menschen. Diese äußeren Merkmale sind auch ziemlich beständig. Aber für das Funktionieren des Organismus ist die Fassade meistens ziemlich unwichtig. Und wenn Sie dahinter blicken, sehen Sie ein ganz anderes Bild: Da ist alles in Bewegung: Krankheitserreger kommen und gehen, das Immunsystem passt sich an, Gene werden ein- und ausgeschaltet, und im Lauf der Generationen verwandelt sich auch das ganze Genom. Und manchmal wird bei diesen Umbauten eben ein Teil der Fassade mitgenommen: zum Beispiel, wenn Gene, die die Augenfarbe regeln, mit solchen für eine bestimmte Immunreaktion gekoppelt wären.

Charles Darwin beschrieb die Evolution bekanntlich anhand der Schnäbel der Finken: Die einzelnen Arten bildeten sich heraus, weil jede der Galapagosinseln unterschiedliche Nahrung anbot und daher verschiedene Schnabelformen begünstigte. Ich vermute, Sie würden die Schnabelformen eher als einen Teil der Potemkin'schen Fassade ansehen. Als Antrieb der Evolution zählen für Sie weniger die Würmer, die die Vögel picken, als vielmehr die Würmer in den Därmen der Tiere.

Ich behaupte ja nicht, dass Futter, Nistplatz, und all das, was die Evolutionsbiologen über Jahrzehnte untersucht haben, unwichtig wären. Aber schon wahr: Wir sehen heute eine neue Dimension der Evolution. Da hat sich uns eine faszinierende Tür aufgetan.

Vielleicht erleben Sie ungefähr das, was die Festkörperphysiker zu Beginn des zwanzigsten Jahrhunderts erfuhren: Plötzlich wurde ihnen klar, dass Kristalle nur scheinbar massiv sind, tatsächlich aber aus Atomen und Leerräumen bestehen. Und nur wer diese inneren Strukturen versteht, versteht den Kristall.

Die Situation ist durchaus vergleichbar: Wir dringen von einer Außenperspektive gewissermaßen zu tieferen Schichten des Naturgeschehens vor. Dadurch sehen wir subtile Effekte in der Evolution, die wir uns vor kurzem nicht einmal vorstellen konnten.

Faszinierend finde ich zum Beispiel das Bakterium »Wolbachia«. Es kann das Sexualverhalten seiner Wirte manipulieren.

Wolbachia lebt in den Zellen, meist von Insekten. Ganz gleich, ob Sie einen Käfer, einen Schmetterling oder eine Ameise vom Boden aufheben, das Tier ist wahrscheinlich befallen, und zwar seit der Geburt. *Wolbachia* sorgt nämlich dafür, dass sich infizierte Insekten nur mit ebenfalls infizierten Partnern fortpflanzen können. Paart sich ein befallenes Tier dagegen mit einem nicht befallenen, so werden molekulare Signale des Parasiten dafür sorgen, dass keine Nachkommen entstehen.

Der Parasit züchtet sich seine Wirte.

Eine teuflische Strategie: Alle, die sich von *Wolbachia* nicht anstecken lassen, werden einfach eliminiert.

Dafür zahlt Wolbachia allerdings teuer. Wenn nur ein Elternteil befallen ist, verzichtet es auf seine Verbreitung in die nächste Generation.

Das ist eine Art Bösartigkeit, *spite*. Aber die Strategie lohnt sich trotzdem. Außerdem ist ein Mangel an befallenen Weibchen für *Wolbachia* gar kein Problem: Dann schafft sich der Parasit die Mütter, die er braucht. *Wolbachia* kann nämlich gleichsam für Geschlechtsumwandlungen sorgen. Molekulare Signale, die wir erst allmählich verstehen, lassen aus den Samenzellen von befallenen Männchen funktionsfähige Eizellen werden. Jetzt muss sich das feminisierte Männchen nur noch mit einem anderen Männchen paaren, und *Wolbachia* lebt fort in der nächsten Generation …

… durchaus nicht nur zum Schaden des vom Mann zur Frau gewordenen Wirts: Der nämlich hat eine ungewöhnliche Chance bekommen, sich zu vermehren. Offenbar können Parasiten ihren Wirten auch nützen.

Ja. Bei *Wolbachia* hat sich vor kurzem herausgestellt, dass es die befallenen Tiere vor bestimmten Virusinfekten schützt. Wie genau es das macht, wissen wir noch nicht. Hier hat der Parasit offenbar ein Interesse daran, dass der Wirt, seine Ressource, gedeiht.

Aber mit welchem Recht nennen Sie den Eindringling dann noch einen Parasiten? Ich würde sagen, er lebt mit seinem Wirt in Symbiose.

Die Begriffe in der Biologie sind selten scharf. Tatsache ist, dass sich Wirt und Parasit gemeinsam weiterentwickeln. Die Frage ist nun, wie wird der Interessenkonflikt zwischen beiden gelöst? Die Koevolution kann in desaströsen Verhältnissen enden, wie bei Ebola. Oder eben in einer Symbiose.

Oder sogar in einer Verschmelzung von Schmarotzer und Wirt! Denken Sie nur an die Retroviren, die Teil unserer DNA wurden. Vielleicht gingen sogar die Mitochondrien, die Kraftwerke unserer Zellen, aus parasitären Bakterien hervor.

Dieser Vorgang ist auch belegt; unklar ist lediglich, ob die Vorfahren von Mitochondrien frei lebende Parasiten waren.

Jedenfalls kommen wir nicht mehr ohne sie aus. Haben sich Wirt und Parasit erst einmal so weit angenähert, erübrigt sich die Abwägung, wer da eigentlich wen manipuliert. Darum frage ich mich, ob es nicht zu kurz greift, nur den Interessengegensatz zwischen dem Wirt und seinen Parasiten zu sehen.

Ich bekenne mich schuldig. Ich habe auch einmal eine meiner Arbeiten mit dem Wort »war«, Krieg, überschrieben. Andererseits ist klar, dass Wirt und Parasit einander nichts schenken. Hinter der Potemkin'schen Fassade herrscht ein Dauerkonflikt der Interessen. Man darf sich dieses Ringen zwischen Wirt und Parasiten nicht als die große Entscheidungsschlacht, sondern viel eher wie eine Folge von täglichen Abnützungen vorstellen, deren Konsequenzen aber überhaupt nicht so schlecht sind.

Wie in einer Ehe.

Ja. Weder kann man ohne einander, noch wird man einander los. Weil aber die Partner verschiedene Interessen haben, versuchen sie ständig, einander ein Schnippchen zu schlagen. Am Ende muss jeder Kompromisse eingehen.

Die Magie der Töne

Die Psychologin Diana Deutsch über das Rätsel, warum uns Musik so viel bedeutet

Schon bevor wir den ersten Atemzug taten, umgab uns Musik. Denn selbst Ungeborene im Mutterleib reagieren auf Klänge. Und die Erregung, die Musik in uns auslöst, teilen wir mit Menschen in jedem Winkel der Welt. Es existiert keine einzige Kultur ohne Musik. Warum sprechen Klänge und Melodien, die eigentlich gar nichts bedeuten, uns dermaßen an?

Diana Deutsch untersucht seit über fünf Jahrzehnten, wie wir Musik hören und was dabei in uns geschieht. Sie gilt als die große alte Dame der Musikpsychologie. 1938 in London geboren, studierte sie in Oxford Psychologie, ging 1966 nach Kalifornien und begann dort, mit der Wahrnehmung von Klängen zu experimentieren. Heute ist sie Professorin an der Universität von San Diego, wo wir uns auch verabredet hatten. Als ich den fensterlosen Raum betrat, fielen mir zuerst enorme Lautsprecherboxen, eine Reihe von Computern und Synthesizern und drei schallisolierte Kammern ins Auge. Dann erst sah ich meine Gesprächspartnerin, die an den Knöpfen herumdrehte.

Frau Deutsch, können Sie sich ein Leben ohne Musik vorstellen?

Das wäre ein trauriges Leben.

Musik macht Sie glücklich?

Nein, das ist zu einfach. Musik berührt mich zutiefst. Aber weder macht sie mich glücklich noch traurig. Das sind die falschen Adjektive.

Was bedeutet Ihnen denn die Musik?

Wenn ich am Klavier sitze, fühle ich mich, als ob ich an einem Torbogen stehe. Vor mir erstreckt sich ein riesiges Land, schneebedeckt, Meilen um Meilen. Ich sehe das tatsächlich vor mir. Und ich muss nur in den Schnee hineinlaufen, das ganze Land gehört mir. Hier brauche ich mich um nichts mehr zu sorgen. Jetzt kann ich tun, was ich will, spielen, womit ich will. Übrigens empfinde ich genauso, wenn ich im Tonstudio experimentiere.

Ich glaube, ich weiß, welche Freiheit Sie meinen. Am intensivsten habe ich sie als Jugendlicher erlebt. Am Klavier konnte ich die Welt, die mir damals so unerträglich erschien, völlig vergessen – und mich selbst dazu. Ging es Ihnen genauso?

Bis heute. Nicht mehr ich mache etwas, sondern die Musik. Ich bin nur in ihre Welt eingetreten. Als Mädchen war diese Welt alles für mich. Ich übte viele Stunden am Klavier, komponierte und trug die ganze Zeit Notenpapier mit mir herum. So, wie andere Teenager Filmstars anschwärmen, verehrte ich Komponisten. Schubert zum Beispiel. Er konnte komponieren, wie ein Vogel singt. Dabei hat er einen großen Teil seiner Musik selbst nie gehört, weil er am Lebensende so krank war, dass er nicht aus dem Haus gehen konnte. Wenn ich ihn spiele oder höre, beginnen mir noch immer die Knie zu zittern. Aber ich bewunderte auch all die anderen Großen. Ich fand es wunderbar, dass ich am Instrument ein Teil ihres Werks werden konnte. Aber ich wollte mehr – verstehen, wodurch genau ihre Musik mich so rührte. Aber ich kam nicht sehr weit.

So kamen Sie zu Ihrem Beruf.

Aber nein. Ich wollte Komponistin werden. Doch mein Vater schickte mich zum Psychologiestudium nach Oxford. Er war Bildhauer und wusste genau, wie es ist, mit Kunst nichts zu verdienen.

Wie standen Ihre Eltern zur Musik?

Meine Eltern sangen sehr schön und ständig. Manchmal stimmte mein Vater sogar ein Lied an, während wir aßen, und meine Mutter und ich fielen ein. In der ostjüdischen Tradition unserer Familie spielt Musik eine große Rolle. Aber weder hatten wir Instrumente, noch bekam ich Unterricht. Bei einer Nachbarin stand ein Klavier. Einmal schlug sie ein paar Töne an, und ich sagte ihr, welche es waren. Da war ich vielleicht vier. Sie reagierte entgeistert. Ich verstand gar nicht warum. Ich fand es ganz natürlich, dass man Töne erkennen konnte wie Farben! Dann sah ich acht Erwachsene um mich und das Klavier herumstehen. Keiner konnte sagen, welche Töne die Nachbarin spielte. Es dauerte lange, bis ich begriff, dass nicht sie merkwürdig waren, sondern ich. Jedenfalls bezahlte mein Vater mir von da an Klavierstunden.

Nur ein Mensch unter 10 000 besitzt das absolute Gehör.

In unserer Kultur. Aber wo die Menschen eine tonale Sprache wie Mandarin sprechen, ist das ganz anders. Ich bemerkte das zufällig, als ich einmal versuchte, chinesische Worte nachzusprechen. Mein Gegenüber wusste nicht, was ich meine. Da versuchte ich es in einer anderen Tonlage. Plötzlich verstand er mich. So kam ich auf die Idee, zu untersuchen, wie häufig absolutes Gehör unter chinesischen und amerikanischen Musikern ist. Zwei Jahre lang fragte ich Konservatorien an, ob sie an der Studie teilnehmen wollten. Aber es war zum Verzweifeln: Hier in Amerika sagte man mir, dass die Erhebung unmöglich sei, weil selbst unter diesen hochbegabten Studenten so gut wie niemand Tonhöhen auf Anhieb erkennt. Die Chinesen hingegen fanden mein Vorhaben unsinnig – man wisse doch, dass Musiker diese Fähigkeit hätten! Schließlich fanden sich doch zwei Hochschulen bereit. Heraus kam genau das, was die Leute an den Konservatorien mir vorausgesagt hatten: In den USA hatte fast niemand das absolute Gehör, in China hatten es sehr viele.

Man könnte genetische Gründe vermuten.

Wir haben uns chinesischstämmige Amerikaner angesehen. Nur diejenigen, in deren Elternhaus Chinesisch gesprochen wurde, schnitten gut ab in unserem Test.

Dann wäre das absolute Gehör also nicht angeboren, sondern erlernt.

Es ist auch angeboren – und zwar jedem Menschen, wie mir scheint. Nur müssen Sie rechtzeitig im Leben Gebrauch davon machen, sonst geht es verloren. Und das heißt während der Sprachentwicklung. Je früher in ihrer Kindheit die Chinesen übrigens mit dem Musikunterricht angefangen hatten, umso genauer hörten sie auch.

Nun ist absolutes Gehör nicht gleich Musikalität. Mozart soll es gehabt haben, Richard Wagner nicht.

Heißt es. Das absolute Gehör wird zugleich über- und unterschätzt. Wenn Musiker es nicht haben, fühlen sie sich verkorkst. Ich weiß nicht warum, denn darauf kommt es nicht an. Andererseits behaupten sogar wissenschaftliche Veröffentlichungen, dass absolutes Gehör ein Nachteil für Musiker sei. Das ist natürlich auch Unsinn.

Hat Ihr absolutes Gehör Sie jemals gestört?

Nein, wieso? Es stört mich sehr, wenn jemand falsch singt, aber um das zu bemerken, braucht man ja kein absolutes Gehör. Schade finde ich, dass diese Fähigkeit im Alter nachlässt.

Sie wurden als Entdeckerin von akustischen Illusionen berühmt. Sie haben gezeigt, dass wir unseren Ohren genauso wenig trauen sollten wie unseren Augen. Sitzen Sie mit Ihrem außergewöhnlichen Gehör denn ebenfalls Täuschungen auf?

Die meisten Illusionen habe ich an mir selbst entdeckt. Das begann 1973. Ich hatte einen simplen elektronischen Signalgenerator, der war so teuer, dass wir ihn auf Kredit anschaffen mussten. Eigentlich wollte ich das Kurzzeitgedächtnis untersuchen. Dazu spielte ich in dem linken Stereokanal abwechselnd einen tiefen und einen hohen Ton, und in dem rechten Kanal dieselbe Folge, aber versetzt. Wenn also aus dem linken Kanal der tiefe Ton erklang, kam aus dem rechten Kanal der hohe, und umgekehrt. Als ich aber den Kopfhörer aufsetzte, hörte ich rechts nur hohe, links nur tiefe Töne. Und wenn ich den Kopfhörer umdrehte, war es genauso! Mir kam es vor, als wäre ich in einem anderen Universum gelandet. Oder verrückt geworden. Aber jeder, dem ich den Kopfhörer gab, sagte dasselbe. Manche behaupteten sogar, sie hörten im rechten Ohr eine Flöte und links einen Gong. Nur einige Linkshänder hörten die hohen Töne links.

Warum?

Weil bei Rechtshändern das rechte Ohr für die Tonhöhe zuständig ist, und wir eine Schallquelle an ihren höchsten

Tönen verorten. Darum hören wir einen hohen Ton von rechts rechts. Treffen aber gleichzeitig ein hoher Ton von links und ein tiefer Ton von rechts ein, hört man nur den tiefen Ton, den das rechte Ohr hört. Aber die Herkunft dieses Tons vermuten wir links! Denn von dort kommt schließlich die höchste Frequenz.

Dann sind die Orchester in jedem Konzertsaal der Welt falsch aufgestellt: Das Publikum hört die Geigen von links, die Kontrabässe von rechts. Ich habe mich oft darüber gewundert, warum ich die einzelnen Stimmen so schlecht zuordnen kann!

Dafür hören so die meist rechtshändigen Musiker besser. Und Sie sind nicht der Einzige. Bei einer Konferenz kam einmal Ray Dolby auf mich zu, der Erfinder des Rauschunterdrückungssystems in jeder Stereoanlage. Er müsse mir ein Geständnis machen, sagte er. Sein Leben lang habe er tiefe Töne meistens links wahrgenommen, und hohe rechts – nicht gerade das, was man sich unter HiFi-Musikgenuss vorstellt. Aber das habe er nie zugeben können.

Sollte ich die Anschlüsse an meiner Stereoanlage vertauschen?

Ich habe es ausprobiert. Tauscht man die Kanäle, kann man die Stimmen leichter lokalisieren, erkennt auch den Klang besser. Dafür hört sich nun alles sonderbar an, einfach, weil wir es anders gewohnt sind. Und es gibt viele solcher Effekte. Selbst Musiker hören viel weniger, als sie meinen. Die Musik entsteht vielmehr aus dem, was wir erwarten, in unseren Köpfen. Wenn Sie sich ein Bild ansehen, haben Sie es vergleichsweise leicht. Sie können Ihre Wahrnehmung so oft überprüfen, wie Sie wollen. Musik dagegen ist flüchtig. Und das menschliche Gehör ist ein einziger Saustall. Es gibt nur 16 000 Sinneszellen im Ohr, im Auge sind es 125 Millionen. Und die Schallwellen, die dort ankommen, sind durch die Raumakustik verzerrt. Da muss das Gehirn die Töne, die wir zu hören meinen, erfinden. Es geht gar nicht anders. Kennen Sie meine Phantomwörter?

Nein.

Deutsch schaltet ihre Anlage an. Eine Roboterstimme, die mich an Maschinenklänge von Kraftwerk erinnert, scheint abwechselnd von rechts und von links zu kommen. Die Stimme wiederholt undefinierbare Silben.

Was hören Sie?

Ma dai.

Sie sprechen Chinesisch?

Nein, Italienisch. »Ma dai« – sag bloß!

Die Leute hören die unglaublichsten Dinge: Junge Frauen das Wort »Love«, Studenten vor der Prüfung »No Time« – keine Zeit. Wenn Sie das Band schwerkranken Patienten vorspielen, antworten diese schreckliche Dinge wie »blood« oder »I am dying« – »Blut« oder »Ich sterbe«.

Was ist es wirklich?

Meine Stimme. Sie hören das Wort »nowhere« – »nirgends« – gleichzeitig aus beiden Boxen, nur in zwei versetzten Tonlagen, wie in dem vorigen Experiment. Eine deutsche Studentin bestand einmal darauf, ich hätte das deutsche Wort »genug« eingeschmuggelt. Als ich das bestritt, wurde sie richtig wütend.

Fans von Minimal Music hätten ihre Freude an Ihrem Experiment.

Haben sie. Ein Gast war einmal ganz enttäuscht, als die Aufnahme nach zwei Minuten endete. Wie wir sprechen hat wirklich einen großen Einfluss darauf, wie wir Musik hören. Sie werden gleich sehen, warum. Ich spiele Ihnen jetzt Töne vor. Und Sie sagen mir, ob sie ansteigen oder fallen.

Ich höre Folgen von ganz einfachen Tönen. Trotzdem ist es oft erstaunlich schwer zu erkennen, ob die Melodie steigt oder fällt.
Höher. Tiefer. Weiß nicht. Tiefer.

Sehr ungewöhnlich. Wahrscheinlich hören Sie hier die absteigende Folge G – Dis. Wie ich auch. Aber alle Kalifornier hören an dieser Stelle einen Anstieg, Dis – G. Wo sind Sie aufgewachsen?

In München.

Offenbar sprechen die Bayern in einer tieferen Tonlage als andere Deutsche.

Wie kommen Sie darauf?

Wenn Männer sprechen, hat ihre Stimme den Umfang von ungefähr einer Oktave. Und die Frauenstimmen befinden sich genau eine Oktave darüber. Das ist überall so. Aber in manchen Kulturen liegen diese beiden Oktaven tiefer oder höher als in anderen.

Niemand in Europa spricht so hoch wie englische Frauen.

Zum Beispiel. Und in welcher Oktave genau wir sprechen gelernt haben, wirkt sich darauf aus, wie wir hören. Denn alle Töne, die an unser Ohr gelangen, versuchen wir ganz automatisch, in dieser einen Oktave unterzubringen. Darum hören die einen eine bestimmte Melodie so, und wer in einer anderen Kultur aufwuchs, hört sie anders.

Warum bedienen sich die Menschen verschiedener Tonlagen?

Um sich zu unterscheiden, nehme ich an. So konnten unsere Vorfahren Freund und Feind schon an ihrer Stimme erkennen. Ich kann Ihnen Aufnahmen aus entlegenen chinesischen Bergdörfern vorspielen. In einem Dorf wird in einer tiefen, im nächsten in einer viel höheren Lage gesprochen. Ich glaube, dass das absolute Gehör auch zum Erkennen solch feiner Unterschiede gut war. Heute, da wir in Großstädten leben, brauchen wir es nicht mehr.

Dann ähnelten die frühen Sprachen viel mehr dem Gesang.

Ich denke, unsere frühen Vorfahren bedienten sich einer Protosprache, die Musik und Sprache zugleich war. In manchen entlegenen Gegenden gibt es so etwas noch heute. Denken Sie an die Pfeifsprachen …

… oder das Jodeln!

Beide tragen sehr weit, weil Tonhöhen in ihnen etwas bedeuten. Erst später trennte sich die Sprache von der Musik. Wörter waren nun gut, um etwas über die Welt mitzuteilen; Melodien dagegen, um Beziehungen zu festigen – etwa, wenn eine Mutter ihrem Kind etwas vorsingt.

Schon bei Tieren haben Töne in unterschiedlicher Höhe diese Funktion. Küken oder auch Rattenbabys etwa geben bestimmte Pieplaute von sich, damit die Eltern sich um sie kümmern. Und Vögel singen, um eine Partnerin anzulocken oder ihr Revier abzugrenzen.

Bei manchen Arten singen Pärchen im Duett. Und wenn einer der beiden stirbt, kann der Überlebende sogar den Part des anderen übernehmen und singt nun beide Stimmen. So haben es Ornithologen bei afrikanischen Sperlingen beobachtet.

Wie rührend! Als würde das gemeinsame Lied eine Anhänglichkeit über den Tod hinaus stiften. Kein Wunder bei diesem evolutionären Erbe, dass wir Menschen mit so starken Gefühlen auf Musik reagieren.

Ja. Die Signale der Musik nehmen in unseren Gehirnen zwei unterschiedliche Wege. Einerseits erreichen sie die gewissermaßen vernünftigeren Regionen im Gehirn, die versuchen, Ordnung in der Musik zu erkennen. Andererseits gehen sie direkt in entwicklungsgeschichtlich ältere Bereiche unter der Großhirnrinde, die für Emotionen zuständig sind. Darum fühlen sich so viele Menschen von Musik bewegt, obwohl sie überhaupt nichts von ihr verstehen.

Und deswegen mag es uns auch so schwerfallen, zu erklären, was genau uns an Musik anspricht.

Wie meinen Sie das?

Manche Erlebnisse mit Musik lassen sich mit nichts anderem vergleichen. Wenn ich etwa bestimmte Fugen von Bach höre, kommt es mir so vor, als liefe ich in Räumen mit vier oder auch fünf Dimensionen herum. Offenbar bringt Musik ganz elementare Regungen in uns zum Klingen. Und solche Erfahrungen sind naturgemäß schwer zu beschreiben. Erklären Sie einmal jemandem, wie es ist, die Farbe Rot zu sehen!

Sie sprechen von einer Art Resonanz zwischen dem Gehirn und der Musik. Können Sie eigentlich fröhliche Musik hören, wenn Sie traurig sind?

Ja. Aber meist schalte ich sie aus, weil fröhliche Musik mich dann langweilt.

Ich kann es nicht. Ich fühle mich angegriffen. Aber ruhigere Musik kann ich hören. Sie scheint mich zu trösten. Als müsse die Stimmung der Musik entsprechen.

Selbst Musik, die wir als traurig empfinden, kann bewirken, dass wir uns besser fühlen. Warum eigentlich?

Eine Erklärung haben Sie doch selbst gegeben: Wir finden Gefallen an Dingen, die nützlich für uns sind, schreiben Sie in Ihrem Buch »Die Glücksformel«, das ich in seiner englischen Übersetzung gelesen habe. Vielleicht zählt zu diesen nützlichen Dingen auch die Musik, ganz gleich, ob sie fröhlich oder traurig ist. Menschen verwenden sie seit jeher, um Zusammengehörigkeit in Gruppen zu stiften. Lieder helfen beim Lernen. Und schon Babys lassen sich durch bestimmte Sprachmelodien beruhigen. Meistens genügt schon ein ganz einfaches, in der Tonhöhe abfallendes »Oooooh«. Ich habe das einmal in den Supermärkten hier ausprobiert. Praktisch jedes Baby, das ich so ansprach, regte sich ab. Viele begannen sogar zu lächeln.

Musik kann auch qualvoll sein. Sie beschreiben Ihren Widerwillen gegen allzu fröhliche Klänge, und in Guantanamo hat die CIA Musik eingesetzt, um zu foltern.

Gut, dass Sie das sagen. Wenn ich von meiner gelegentlichen Abscheu gegen Musik spreche, empfinden das viele Menschen wie Blasphemie. Nur unter Musikern hat bisher noch jeder mir zugestimmt. Einer beschrieb mir einmal, wie er sich bei Musik fühlt, die er nicht ausstehen kann: als würde man ihm eine Wunde aufkratzen. Ich finde Musik, die ich eigentlich mag, aber gegen meinen Willen anhören muss, sogar noch schlimmer. Sie wirkt wie eine Invasion in meinen Kopf, ich kann an nichts anderes mehr denken. Zu Recht fordern berühmte Musiker wie Alfred Brendel und Simon Rattle, dass die zwangsweise Hintergrundbeschallung verboten wird. Wir haben ein Recht auf Stille.

Die meisten Menschen schalten bei der Arbeit oder im Auto gerne Musik an.

Sicher, einer meiner Doktoranden hört Musik, wenn er Prüfungen korrigiert. Ich verstehe das nicht. Dabei ist er ohne Zweifel sehr musikalisch.

Was bedeutet es, musikalisch zu sein?

Wenn wir das wüssten. Wir haben ganze Batterien von Tests auf musikalische Begabung. Keiner ist brauchbar. Aber jeder Lehrer in einem Konservatorium wird Ihnen sagen, dass er die Talente nach ein oder zwei Tagen erkennt. Sie spüren es einfach.

Auffallend häufig haben musikalische Kinder musikalische Eltern. Was genau vererbt sich da?

Ein gutes Kurzzeitgedächtnis für Töne ist bestimmt hilfreich. Ich selbst habe dieses Phänomen ein Jahrzehnt lang untersucht. Also suchten wir Versuchspersonen, die entsprechend begabt sind. Und was bekamen wir? Eine Gruppe Menschen, die allesamt Linkshänder waren! Ich sehe sie noch heute vor mir sitzen, hier, in diesem Raum. Später stellte sich heraus, dass diese Linkshänder zudem ungewöhnlich geschickt mit ihrer rechten Hand waren. Vielleicht liegt es daran, dass reine Linkshänder in der Musik schlechte Karten haben, weil die meisten Instrumente Rechtshänder bevorzugen. Und wir wissen, wie viel Musikunterricht früh in der Kindheit ausmacht. Die für spätere Spitzenleistungen kritische Phase ist die Sprachentwicklung.

Beflissene Eltern hoffen, Musikstunden machten ihre Kinder ganz allgemein intelligenter.

Wer möchte, dass sein Kind gut in Mathe wird, sollte es statt Klavier lieber gleich Mathe üben lassen. Denn wenn es zwischen musikalischen Fähigkeiten und Intelligenz überhaupt einen Zusammenhang gibt, dann ist er sehr schwach. Viele hochintelligente Menschen sind völlig unmusikalisch. Charles Darwin etwa liebte zwar die Musik, erkannte aber nicht einmal die Melodie von »God save the queen«. Ich glaube aber sehr wohl, dass Musikerziehung in der Kindheit Wirkungen hat. Man entwickelt zum Beispiel ein feineres Gespür für die emotionalen Untertöne in der Stimme seines Gesprächspartners.

Sollten wir uns also Sorgen machen, wenn immer weniger Eltern ihren Kindern Gute-Nacht-Lieder vorsingen?

Frühe Musik ist sehr wichtig, weil sie die Bindung zwischen Eltern und Kind stärkt und die Sprachentwicklung unterstützt. Ich frage mich, wie Kinder, die ohne Musik aufwachsen, je ein Empfinden für deren Schönheit entwickeln sollen.

Fühlen Sie sich denn dem Geheimnis dieser Schönheit nach mehr als vier Jahrzehnten der Forschung näher gekommen?

Wahrscheinlich nicht. Ich empfinde noch dieselbe Ehrfurcht – und ein Mysterium. Um zu sagen, was genau in der Musik so sehr zu uns spricht, fehlen mir die Worte.

Schönheit ist lebensnotwendig

Der Neurowissenschaftler Semir Zeki über Ästhetik, Liebe und den Versuch, beide zu verstehen

Er hat uns gezeigt, wie wir sehen: Ein Satz genügt, um die Lebensleistung von Semir Zeki zusammenzufassen. In jahrzehntelanger Arbeit, anfangs mit Affen, später Menschen, entschlüsselte er die Vorgänge im Kopf, durch die sich die Nervenerregungen des Auges in Bilder verwandeln. Nach der Jahrtausendwende allerdings setzte er sich ein noch ehrgeizigeres Ziel. Seitdem will Zeki verstehen, wie Bilder Gefühle auslösen, wie das Empfinden von Schönheit und Liebe in uns entsteht.

Semir Zeki, 1940 in eine Familie libanesischer Einwanderer in England geboren, ist ein energiegeladener Mann. Sein Alter hält ihn nicht davon ab, auf Demonstrationen Buttons gegen den Brexit zu verteilen. Seine Enkel, sagt er, sollen wenigstens wissen, ihr Großvater habe alles versucht. Seit seinem Studium der Medizin arbeitet er am University College of London. Dort ist er Professor für Neuroästhetik – den Begriff, aus Neurologie und Ästhetik zusammengesetzt, hat er selbst erfunden.

Er besuchte mich zu einer Diskussion an der Berliner Universität der Künste. Wie alle Gäste der Veranstaltungsreihe, zu der ich ihn eingeladen hatte, durfte er sich ein Kunstwerk, ein Buch oder eine Musik aussuchen, die er dem Publikum vorstellen will.

Herr Zeki, Sie haben sich eine Musik von Richard Wagner gewünscht.

Die Ouvertüre der Oper »Tristan und Isolde«. Als ich diese Musik zum ersten Mal hörte, konnte ich nicht glauben, dass ein Mensch sie geschrieben hat, so schön ist sie.

Was macht ihre Schönheit für Sie aus?

Ihre Spannung. Der Zuhörer hört ganz am Anfang, in der Ouvertüre, einen Akkord, der dann erst nach viereinhalb Stunden aufgelöst wird. Vor allem aber beschreibt die Oper das Grundproblem der Liebe: Die Sehnsucht nach einer perfekten Vereinigung. Am Ende müssen die Liebenden sterben, weil es solch eine vollkommene Liebe nicht gibt. Sie finden dieses Motiv in allen Kulturen.

Im Publikum sah ich Unruhe. Nicht jeder schätzt Wagners Musik.

Darauf kommt es nicht an. Diese Menschen finden andere Dinge schön. Was allein zählt, ist, dass wir überhaupt

Schönheit empfinden. Diese Fähigkeit und dieses Bedürfnis hat jeder Mensch.

Die so unterschiedlichen Vorlieben allerdings machen es schwer, über Schönheit zu sprechen. Ich zum Beispiel höre gern neue Musik. Die dissonanten Klänge von Ligeti oder Stockhausen, die die meisten Menschen als schauerlich empfinden, gefallen mir. Dafür kann ich keine Popsongs ertragen.

Ich kann weder mit Ligeti noch mit den Beatles viel anfangen. Weil Menschen nun einmal verschiedene ästhetische Vorlieben haben, dachte man bisher, es sei unmöglich zu sagen, was Schönheit eigentlich ist. Hinzu kommt, dass wir ganz unterschiedliche Sinneserfahrungen mit diesem Begriff belegen. Wir finden Gesichter, menschliche Körper und Dinge schön, aber genauso Musik. Mathematiker können sogar von der abstrakten Schönheit einer Formel schwärmen.

Leser, Kinogänger, auch Opernbesucher schwärmen von der Schönheit einer Geschichte …

… damit meinen sie meistens moralische Schönheit. Auch menschliches Verhalten empfinden wir als ästhetisch, etwa, wenn sich einer für den anderen einsetzt. Aber was haben all diese Phänomene gemeinsam? Eigentlich kein Wunder, dass sich die Philosophen seit 2500 Jahren nicht auf eine Definition für Schönheit einigen können.

Haben Sie eine?

Ja. Wir haben nämlich festgestellt, was alle Bilder, Körper, Landschaften, Klänge, Formeln und sogar Handlungen, die Menschen als schön empfinden, miteinander verbindet: Sie gehen mit denselben Hirnreaktionen einher. Wann immer Menschen eine ästhetische Erfahrung machen, wird die Region A1 im Stirnlappen des Großhirns, hinter der Augenhöhle, aktiv.

Sie stellen das fest, indem Sie Ihre Versuchspersonen in Scanner legen, die in Echtzeit Gehirnaktivität aufzeichnen.

Ja. Anfangs testeten wir die Reaktionen unserer Probanden auf Bilder. Das war 2004. Später spielten wir ihnen im Scanner Musikstücke vor: Wieder regte sich A1, wenn sie eine Melodie mochten. Zuletzt zeigten wir Mathematikern Formeln. Auch bei ihnen empfingen wir umso stärkere Signale von A1, je besser ihnen eine Gleichung gefiel.

Und was tut dieses Zentrum?

Es gehört zum sogenannten emotionalen Gehirn. A1 ist Teil eines größeren Komplexes, der sich mit Entscheidungen beschäftigt. Vor allem bewertet dieser Komplex Reize, die wir als angenehm oder als eine Belohnung empfinden.

Nun, wir fühlen uns besser, wenn wir etwas sehen oder hören, was uns gefällt. Und das von Ihnen entdeckte Hirnzentrum löst offenbar genau diese Reaktion aus. Was ist daran so überraschend?

Dass Schönheit ganz gleich welcher Art immer dieselbe Gehirnerregung auslöst. Hätten Sie mich vor zwanzig Jahren gefragt, hätte ich Ihnen gesagt, dass visuelle Schönheit etwas ganz anderes ist und auch im Gehirn anders verarbeitet wird als schöne Musik oder eine Gleichung, die ein Mathematiker als ästhetisch empfindet. Aber so ist es nicht. Schönheit ist ein einheitliches Konzept, das mit der Aktivität eines ganz bestimmten Teils des Gehirns zusammenhängt. Das fand ich sehr überraschend.

Aber bevor wir Schönheit erfahren können, müssen die Sinneseindrücke verarbeitet werden. Je nachdem, ob wir sehen oder hören, geschieht das im Kopf auf unterschiedlichen Kanälen. Dann wird das Gedächtnis befragt, denn was wir als schön oder als hässlich empfinden, hängt schließlich auch von unseren Gewohnheiten ab. Und wenn schließlich eine Emotion aufkommt, beeinflusst diese fast das ganze Gehirn. Die Empfindung von Schönheit kann kaum also durch ein Hirnzentrum alleine entstehen.

Sie haben recht. Schönheit ist keine simple Erfahrung. Das von uns entdeckte Zentrum arbeitet nicht isoliert. Aber es ist für Schönheitsempfinden gleich welcher Art wesentlich. Und je stärker das ästhetische Erleben, umso mehr ist das Zentrum A1 erregt. Damit können wir die Erfahrung der Schönheit vermessen.

Solch einen Satz empfinden viele Menschen als Provokation.

Ja, sie sehen unsere Arbeit als Einbruch in ihr persönliches Territorium. Übrigens wehren sich vor allem Kunstkritiker und Philosophen gegen unsere Arbeit; viele Künstler sind interessiert.

Mit Ihren Experimenten haben Sie eine neue wissenschaftliche Disziplin begründet: Die Neuroästhetik will die Empfindung des Schönen aus den Vorgängen in unseren Gehirnen erklären. Aber selbst die Wissenschaftszeitschrift »Nature«, sonst aller Forschung aufgeschlossen, zeigte sich erschrocken. »Neuroästhetik tötet unsere Seele«, schrieb »Nature«.

Was für eine dumme Bemerkung! Wir haben nur eine vernünftige wissenschaftliche Frage gestellt: Was geschieht, wenn wir ästhetische Erfahrungen machen? Aber ich kannte diese Reaktion schon. Ein paar Monate zuvor hatten wir unsere Forschungen über Liebe veröffentlicht. Da hieß es, wir entzaubern die Liebe. Aber wir entzaubern gar nichts. Dass sich, wenn wir lieben, im Großhirn ein bestimmtes Gleichgewicht von Neurohormonen einstellt, ist doch wunderbar! Entzaubern wir den Sternenhimmel, wenn wir Raumsonden zu den Planeten schicken?

Schönheit und Liebe betreffen uns selbst. Können Messgeräte das Wesen einer inneren Erfahrung erfassen?

Vielleicht nicht; das ist eine offene Frage. Jedenfalls würde nur ein schlechter Wissenschaftler behaupten, dass wir heute alles über die Liebe aus Fachzeitschriften erfahren. Wenn Sie wirklich wissen wollen, was Menschen meinen, wenn sie von Liebe sprechen, müssen Sie genauso die Weltliteratur lesen. Genauso kann sich von Schönheit nur einen Begriff machen, wer sich ernsthaft mit Kunst befasst.

Sie arbeiten selbst als Künstler, hatten 2011 eine Ausstellung in einem Mailänder Museum für Gegenwartskunst. Was war da zu sehen?

Skulpturen. Meine Kunst geht also von meiner Wissenschaft aus. Ich hänge weiße, abstrakte Formen wie Kreise und Quadrate vor eine weiße Wand und strahle sie mit weißem Licht an. Trotzdem entstehen farbige Schatten.

Wie kann das sein?

Der Effekt beruht darauf, dass Farbe in unseren Köpfen entsteht. Wenn Sie zum Beispiel einen Gegenstand mit rotem und weißem Licht beleuchten, wirft er einen grünen Schatten.

Weil wir dort, wo das rote Licht fehlt, die Gegenfarbe wahrnehmen.

Obwohl es eigentlich gar kein grünes Licht gibt. Wir sehen viel mehr mit dem Gehirn als mit unseren Augen. Leonardo und Goethe haben das Phänomen beschrieben, aber in der Kunst wurde es nie richtig ausgenutzt.

Finden Sie Ihre Skulpturen schön?

Wunderschön. Ich kann Ihnen aber nicht sagen, warum.

Die wenigsten Wissenschaftler betätigen sich ernsthaft als Künstler. Zu den Ausnahmen gehört der Chemienobelpreisträger Roald Hoffmann, der auch als Lyriker hervortrat. Er erzählte mir, es sei viel schwerer, ein guter Künstler als ein guter Wissenschaftler zu sein. Stimmen Sie ihm zu?

Absolut. Viele Bekannte haben gefragt, warum ich mich von der harten physiologischen Forschung mit Hightech hin zu so weichen Themen wie Schönheit bewegt hätte. Ich sage ihnen, dass sie sich täuschen. Wirklich harte Arbeit und harte Wissenschaft ist es, die Erfahrungen der Schönheit, auch der Liebe zu untersuchen. Verglichen damit ist es leicht, die Verbindungen zwischen zwei Hirnregionen zu verstehen.

Was brachte Sie dazu, sich als Bildhauer zu versuchen?

Ich würde mich nur als Amateurkünstler bezeichnen. Farben haben mich immer interessiert. Dass sie ausschließlich ein Produkt unserer Wahrnehmung sind, war eine der dramatischen Entdeckungen meines Lebens in der Wissenschaft. Ich machte sie, als ich von bestimmten Gehirnzellen, die uns zum Beispiel nur Grün wahrnehmen lassen, elektrische Signale ableitete. Da fragte ich mich, ob ich die Zelle auch mit Farbschatten anregen kann …

… deren Licht nur in unserer Wahrnehmung, aber nicht physikalisch grün ist.

Trotzdem reagierte die Zelle. Diesen Effekt wollte ich in meinen Skulpturen ausnutzen.

Sie haben jahrzehntelang den Prozess des Sehens erforscht. Was interessierte Sie daran?

Ich wollte und will noch immer verstehen, wie das Gehirn unsere Wahrnehmungen in Gefühle und Konzepte der Welt übersetzt. Als ich in den 1970er Jahren anfing, dachte man, dass wir die Sinneseindrücke vom Auge nacheinander, Stück für Stück verarbeiten: Man würde zuerst einzelne Bildpunkte erkennen, diese zu Linien verbinden, daraus Formen bilden, diese mit Farbe füllen und so weiter.

Wie bei Malen nach Zahlen eine Vorlage allmählich vervollständigt wird.

So ähnlich. Ich konnte zeigen, dass das nicht stimmt. Tatsächlich wird die gesamte Information vom Auge sofort auf verschiedene Gebiete im Großhirn verteilt. Ein Zentrum ist spezialisiert auf Farben, ein anderes auf Formen, eines auf Bewegung, und so weiter. Übrigens habe ich die Entdeckung dieser Zentren als einen Moment großer Schönheit erlebt.

Das heißt, wir können Farbe, Form und Bewegung unabhängig voneinander erkennen.

Ja. Einmal konsultierte mich ein Münchener Kollege. Er hatte eine Patientin, die die Welt versteinert sah. Ein Schlaganfall hatte ihr Hirnareal, das Bewegungen verarbeitet, zerstört. Aber sie identifizierte mühelos Farben und Formen.

Sie erlebte die Welt als Diaschau?

Genau. Wenn sie Tee in eine Tasse gießen wollte, erschien ihr die Flüssigkeit eingefroren, wie ein Gletscher. Natürlich ging der Tee daneben. Beim Versuch, eine Straße zu überqueren, standen Autos, die kurz zuvor noch weit entfernt waren, plötzlich vor ihr. Sie klagte sogar über Schwierigkeiten, sich zu unterhalten, weil sie die Bewegung der Lippen ihres Gesprächspartners wahrnahm. Andere Patienten sehen Bewegung und Farbe, können aber keine Formen mehr identifizieren. Diese Menschen erklären dann, dass alle Farben beispielsweise rechteckig seien.

Was solchen Erfahrungen vielleicht am nächsten kommt, ist ein Besuch in einem Museum für Gegenwartskunst. Auch dort erscheinen viele Dinge ganz anders, als wir es gewohnt sind.

Eben darum ist Kunst für uns Hirnforscher so interessant. Künstler haben immer mit den Mechanismen der Wahrnehmung experimentiert. Denken Sie an kinetische Kunst …

… die riesigen Mobiles von Alexander Calder, die verrückten Maschinen, die Jean Tinguely gebaut hat.

In solchen Objekten ist die Bewegung Teil des Kunstwerks. Und was haben die Künstler getan? Sie haben, so weit es irgendwie ging, Farbe und Form aus ihren Werken eliminiert.

Calders Mobiles bestehen aus einfarbigen Metallplatten mit unregelmäßigem Umriss, Tinguelys Maschinen aus verrostetem Schrott.

Ohne es zu wissen, nutzen diese Künstler die Organisation des Gehirns aus. So haben diese Künstler ihre Werke so gestaltet, dass sie besonders das Zentrum für Bewegungserkennung ansprechen. Das interessiert sich nicht für Farben und Formen.

»Künstler sind Hirnforscher«, haben Sie einmal geschrieben. Was genau wollten Sie damit sagen?

Ich gebe Ihnen ein Beispiel – die Fauvisten. Die Maler Henri Matisse und Maurice de Vlaminck wollten zu Beginn des 20. Jahrhunderts die Farbe von der Form befreien, wie sie es nannten, damit die Farbe intensivere Emotionen auslöst. Aber Farbe ohne Form gibt es nur in extrem pathologischen Fällen. Denn um Farbe zu konstruieren, muss das Gehirn den Lichteinfall verschiedener Flächen miteinander vergleichen. Also versuchten die Künstler eine andere Methode: Sie malten in Falschfarben …

… Menschenhaut blau, den Himmel rot.

Wenn Dinge anders erscheinen, als wir es gewohnt sind, erzeugt dies eine ganz bestimmte Aktivität im Stirnlappen des Großhirns. Diese signalisiert Überraschung – und erzeugt starke Gefühle. So erreichten die Fauvisten ihr Ziel. Doch der Weg, den sie wählten, erklärt sich letztlich durch die Biologie der Wahrnehmung. Die Künstler haben diese Biologie mit ihren Mitteln erforscht.

Sind die Erklärungen für den künstlerischen Prozess, die die Hirnforschung anbietet, nicht etwas simpel? Henri Matisse zum Beispiel hat sich sehr ausführlich darüber Gedanken gemacht, wie er Farben und Formen auf seinen Gemälden ins Gleichge-

wicht bringen könnte. Auch antwortet er in seiner Malerei auf die Bilder anderer Künstler, auf die afrikanischen Masken, die er besaß, auf die Musik in den Jazzclubs, die er besuchte. In den Werken eines bedeutenden Künstlers steckt doch viel mehr als nur eine Reaktion auf die elementare Bildverarbeitung im Zentralnervensystem.

Wie recht Sie haben! Ich bin der Letzte, der das bestreitet. Sie können Kunst genauso wenig ausschließlich neurobiologisch erklären wie Liebe. Aber heißt das, dass Neurobiologen nichts über Kunst, über Schönheit und über Liebe zu sagen haben? Kunst erzählt uns eine Geschichte über unsere Wahrnehmung. Meine Rolle als Wissenschaftler ist es, diese Geschichte zu entschlüsseln.

Dass Liebe und Schönheit eng zusammenhängen, ist ein uralter Gedanke.

Schon Platon, der Vater der griechischen Philosophie, behauptete das.

Ich frage mich, ob die Neurowissenschaft ihn bestätigt. Aktiviert zum Beispiel auch der Anblick einer geliebten Person die für das Schönheitsempfinden verantwortliche Hirnreaktion?

Ja. Und man kann diese Reaktion sogar vom sexuellen Verlangen trennen. Das folgt nämlich aus einem anderen Muster der Gehirnerregung.

Ich vermute allerdings eine gemeinsame Wurzel. Vielleicht hat sich unser Schönheitsempfinden aus der Brautschau entwickelt.

Dafür spricht einiges. Ich glaube, es gibt einen Unterschied zwischen biologisch und kulturell bedingter Schönheit. Welche Kleidung, welche Gegenstände wir schön finden, haben wir von unserer Umwelt gelernt. Da hat jede Kultur ihre eigenen Normen. Aber über sehr schöne Gesichter kann sich alle Welt einigen. Zeigen Sie Europäern Fotos von chinesischen Filmschauspielerinnen, die sie nie gesehen haben, und Sie werden auf Zustimmung stoßen. Umgekehrt genauso. Schon Säuglinge schauen drei Stunden nach ihrer Geburt ungewöhnlich lange auf Gesichter, die allgemeiner Meinung nach schön sind. All das deutet auf angeborene Maßstäbe für Schönheit hin.

Ja, aber möglicherweise ist das perfekte Gesicht ganz einfach ein Durchschnittsgesicht. Auf der Suche nach einem Zusammenhang zwischen Gesichtszügen und Charakter überlagerte der Londoner Statistiker und Universalgelehrte Francis Galton die Porträts von Vegetariern und verurteilten Mördern.

Er arbeitete an meiner Universität.

Allerdings im 19. Jahrhundert. In seinen Experimenten verschwammen die individuellen Merkmale zu Standardgesichtern. Und diese waren ungewöhnlich schön.

Vermutlich haben wir eine angeborene Vorstellung davon, wie ein Gesicht auszusehen hat. Und je besser ein individuelles Gesicht diesem Idealtyp entspricht, umso eher finden wir es schön.

Seit Galtons Versuchen wissen wir, dass der ästhetisch perfekte Mensch Frau oder Herr Jedermann ist. Dafür gäbe es aber auch eine andere Erklärung: Möglicherweise gefällt uns schlicht am besten, was wir am meisten gewöhnt sind.

Das glaube ich nicht. Wir haben Experimente gemacht, bei denen wir Versuchspersonen 30 Tage lang immer wieder Bilder von deformierten Flugzeugen und verzerrten Gesichtern zeigten. Beide erzeugten anfangs Irritation. Am Ende des Monats hatten sich die Probanden an die verunstalteten Flugzeuge gewöhnt. Doch die veränderten Gesichter verstörten sie wie am ersten Tag.

Mit angeborenen Vorstellungen können Sie vielleicht die Vorliebe für bestimmte Gesichtszüge begründen. Aber was machen Sie mit der Schönheit, die wir etwa beim Musikhören empfinden? Die Natur hat uns sicher kein Konzept von einem idealen Gitarrenriff oder Sonatenmotiv mitgegeben.

Nein. Aber dass wir mit bestimmten Konzepten für Rhythmen, Klänge und Melodien auf die Welt kommen, kann ich mir vorstellen. Erinnern Sie sich nur daran, wie begeistert die Menschen in Europa die Rhythmen des Jazz aufgenommen haben, der seine Wurzeln in Afrika hat. Die angeborenen Vorlieben sind dann wie ein Gerüst, das jede Kultur und jeder Mensch mit unterschiedlichen Schönheitsidealen ausfüllt. Aber an der Grundstruktur kommt niemand vorbei.

Sind Sie sicher? Kulturen, auch einzelne Menschen können sich bewusst gegen Schönheit entscheiden. Denken Sie an die Punks, die hässlich sein und hässliche Musik machen wollten.

Natürlich. Aber dann arbeiten sie eben willentlich den angeborenen Konzepten entgegen. Der englische Maler Francis Bacon hat das getan, indem er sein Leben lang Menschen mit verunstalteten Gesichtern darstellte. »Ich will einen visuellen Schock auslösen«, erklärte er. Aus gutem Grund verzerrte er immer nur Gesichter und Körper, niemals Objekte. Und der Dada-Künstler Marcel Duchamp provozierte seine Zeitgenossen, indem er bei einer großen New Yorker Ausstellung im Jahr 1917 ein Urinal zeigte. Auch er wollte darauf aufmerksam machen, dass Kunst nicht kunstvoll, nicht erhaben und vor allem nicht schön sein muss, um bedeutend zu sein.

Ist Schönheit Luxus?

Nein. Schönheit ist lebensnotwendig. Wann immer Sie Schönheit empfinden, betrifft diese Erfahrung einen großen Teil Ihres emotionalen Gehirns. Wir brauchen sie für unsere täglichen Entscheidungen genauso wie der Dünndarm seine Enzyme für die Verdauung.

Wofür, jenseits der Partnerwahl, dient der Sinn für Ästhetik?

Nehmen Sie die Architektur. In hässlichen Räumen neigen Menschen zu asozialem Verhalten. Wie wichtig Schönheit ist, haben besonders Architekten, die Sozialwohnungen planten, lange übersehen. Bei uns in London gibt es abscheuliche Viertel. Deren Bewohner leben gedrängt, sie haben kein Grün. Dort geschehen auch die meisten ernsten Verbrechen. Im amerikanischen St. Louis musste ein ganzer Stadtteil mit Hochhäusern gesprengt werden, weil sich die Menschen so unwohl darin fühlten, dass die ganze Gegend verkam. Oder denken Sie an Kleidung. Wir treiben ja nicht nur deswegen so viel Aufwand mit unserer Garderobe, um andere zu beeindrucken. Noch entscheidender ist es, dass wir uns selbst gut dabei fühlen. Coco Chanel hat dies als Erste begriffen: Wer gut zurechtgemacht ist, hat mehr Selbstvertrauen, funktioniert besser.

Das ist jedenfalls, was uns die Werbung verspricht. Mit der Hoffnung auf Schönheit macht die Modeindustrie allein in Deutschland jährlich fast 150 Milliarden Euro Umsatz.

Und dabei ist noch nicht einmal eingerechnet, was die Menschen für Kosmetik und die Dekoration ihrer Häuser bezahlen.

Sind Sie sicher, dass man das Geld nicht für sinnvollere Zwecke ausgeben könnte?

In Einzelfällen bestimmt. Aber sehen Sie, ich habe mir die Replik einer antiken Statue gekauft. Es ist die Skulptur eines griechischen Athleten, hervorragend gearbeitet. Ich finde es erhebend, wann immer mein Blick auf sie fällt, so schön ist die Statue. Jeden Morgen schaue ich sie an. Ich drehe sie, betrachte sie in unterschiedlichem Licht. Und jeden Abend vor dem Schlafengehen sehe ich nach, ob sie noch da ist. Ich wäre ärmer ohne meine Skulptur. Finden Sie nicht, dass solcher Luxus sich lohnt?

Die Zeit lebt mehr in uns als wir in ihr

Der Physiker Carlo Rovelli über die Ordnung des Kosmos und Wissenschaft als Rebellion

Seit Menschen denken können, zweifeln und verzweifeln sie an der Zeit. Heute führen wir den Kampf mit elektronischen Terminplanern und Uhren, unsere Vorfahren errichteten in ihrem Aufbegehren gegen die Zeit einige der eindrucksvollsten Bauwerke überhaupt. Die Pyramiden und die Kathedralen entstanden aus dem Versuch, aus dem Wunsch, die Zeit zu überwinden, die Steinkreise von Stonehenge und der Sonnentempel von Machu Picchu als Versuche, sie zu erforschen.

Was aber ist Zeit? Und woraus speist sich unser Erlebnis, dass sie verfließt? Selbst die moderne Physik ist die Antwort bisher schuldig geblieben. Carlo Rovelli hat es sich zur Lebensaufgabe gemacht, das zu ändern. 1956 in Verona geboren und heute Professor an der Universität Aix-Marseille, zählt er zu den führenden Köpfen der Grundlagenphysik.

In mehr als 200 wissenschaftlichen Veröffentlichungen ging er die Fragen an, die Albert Einsteins Relativitätstheorie offenließ. Sein Ziel ist es, Einsteins Revolution zu vollenden.

Wie viele bedeutende Forscher, ist Rovelli ein bescheidener Mann. Wir hatten uns bei mir zu Hause in Berlin verabredet. Rovelli erschien zu Fuß, mit einem Lederrucksack über der Schulter, und bat um nicht mehr als ein Glas Wasser und ein Stück deutsches Schwarzbrot.

Herr Rovelli, die meisten Menschen beginnen über die Zeit nachzudenken, wenn sie die Lebensmitte erreichen. Wie war es bei Ihnen?

Ich habe mir schon als Jugendlicher darüber Gedanken gemacht. Wie so viele Heranwachsende war ich ziemlich verwirrt. So las ich die bedeutenden Philosophen und stellte mir die großen, ernsten, dummen Fragen: Was sind wir Menschen? Warum sind wir da? Was ist Zukunft? Und schließlich: Was ist Zeit?

Glaubten Sie, Sie würden zu einer Antwort auf solche Menschheitsfragen beitragen können?

Mit 16 meinte ich das. In diesem Alter hält man sich doch für so begabt wie Aristoteles und Alexander der Große zusammen. Aber wichtiger, als einen Beitrag zu leisten, war es mir, mich selbst zu verstehen. Darum wollte ich nach dem Abitur auch nicht studieren.

Sondern?

Als Landstreicher durch die Gegend ziehen, wie die indischen Sadhus. Und später ein weiser Mann werden. Nicht gerade sehr realistisch. Trotzdem halte ich die Arroganz der Jugend für gut.

Sie rangen sich dann doch dazu durch, in Bologna Physik zu studieren.

Weil mir die Philosophie zu wichtig war, um sie an der Universität zu behandeln. In den wirklich großen Fragen wollte ich mich keinen Lehrern ausliefern. Ich traute ihnen nicht. Ich war gut in der Schule. Aber was man mir dort erzählte, klang falsch in meinen Ohren. Naturwissenschaft schien mir neutraler zu sein. Vielleicht würde ich da etwas über die Welt lernen, was ich weniger anzweifeln musste. So hoffte ich. Heute rate ich meinen Studenten, immer in Betracht zu ziehen, dass alles, was sie hören, unwahr sein könnte.

Viele Wissenschaftler aus der ehemaligen Sowjetunion und Osteuropa erzählen, dass sie ihren Beruf wählten, weil Naturforschung ideologisch nicht vorbelastet war. Von einem Intellektuellen aus dem Westen habe ich das nie gehört.

Wir waren in den 1970er Jahren eine extrem skeptische Generation. Wir stellten alles in Frage: das politische System, die Institutionen, die Schulen. Wir träumten von einer Welt ohne Privateigentum, ohne Staaten, ohne Institutionen, eine Welt, in der die Menschen einander vertrauen und teilen. Mit ein paar Freunden gründete ich in Bologna einen der ersten Piratensender. Wir nannten ihn nach Alice im Wunderland: Radio Alice. Unser Mikrophon war offen für jeden, der vorbeikam. Wir veröffentlichten auch ein Buch über unsere Utopien, für das die Staatsanwaltschaft uns wegen Missachtung von Fahne und Vaterland, Anstiftung zum Verbrechen und Bildung einer subversiven Vereinigung anklagte. Das Gericht sprach uns frei. Ich erledigte mein Studium, aber was mich wirklich interessierte, war die Revolution.

Was verwandelte den Aktivisten in einen Wissenschaftler?

Der gescheiterte Studentenaufstand 1977 in Bologna. Als die Regierung ihn niederschlug, rollten Armeepanzer durch die Stadt. Ein Student wurde erschossen. In den folgenden Monaten ging die Polizei weiter hart gegen uns vor. Auch ich kam als Kriegsdienstverweigerer ins Gefängnis. Radio Alice wurde geschlossen. Wir mussten einsehen, dass die Bevölkerungsmehrheit gegen uns war. Einige aus der Studentenbewegung schlossen sich den Roten Brigaden an. Da erkannte ich, dass ich in der Wissenschaft meinen eigenen Weg gehen könnte, ohne mit der Umwelt in Konflikt zu geraten. Mir schien, dass ich in der Forschung frei wäre – wie ein Künstler oder ein Entdecker. Als ich diese Möglichkeit sah, verliebte ich mich in die Physik. Es war, als hätte ich die Frau meines Lebens getroffen.

Ich weiß, was Sie meinen. Ich begeisterte mich für die Physik, nachdem wir 1984 vergeblich sehr viel Energie gegen die Stationierung neuer Atomwaffen aufgewandt hatten. Nach einer solchen Frustration braucht man ein neues Ziel. Warum gerade Wissenschaft, habe ich selbst nie verstanden.

Auch Wissenschaft beruht auf radikalen Ideen – der Weigerung, die gewohnte Ordnung der Dinge hinzunehmen.

Aber fehlte Ihnen nicht etwas? Politische Aktion will die Welt verändern. Wissenschaft begnügt sich damit, sie zu erklären.

Oft muss man seine Art zu denken umstürzen, um die Welt besser zu verstehen. Die Schwierigkeit ist selten, auf neue Ideen zu kommen. Viel häufiger scheitern wir daran, dass wir alte Ideen nicht aufgeben können. Außenseitern wie mir mag das leichter fallen als anderen.

Sind alle guten Wissenschaftler Außenseiter?

Nein. Aber ohne Außenseiter gibt es keine gute Wissenschaft. Wissenschaft braucht Menschen sehr verschiedener Art: Die peniblen Datensammler und Experimentatoren. Die logischen Denker. Die notorischen Kritiker, die alles, was andere sagen, bezweifeln. Und schließlich die Träumer.

Als was würden Sie sich bezeichnen?

Als Träumer. Mein Traum war und ist, Raum und Zeit zu verstehen. Dazu muss man die beiden grundlegenden Theorien der Physik miteinander verbinden: die Relativitätstheorie und die Quantenmechanik.

Beide Theorien gehen auf Albert Einstein zurück. Die Relativitätstheorie beschreibt die Naturgesetze im kosmischen Maßstab, die Quantenmechanik dagegen erklärt, wie sich Atome und noch kleinere Teilchen verhalten. Doch letztlich gibt es nur eine Wirklichkeit. Darum sollten sich beide Beschreibungen der Welt miteinander vertragen. Aber Relativitätstheorie und Quantenmechanik widersprechen sich. Wie das sein kann, ist die vielleicht größte offene Frage der Physik.

Genau. Beide Theorien funktionieren spektakulär gut. Wir kennen Relativitätstheorie und Quantenmechanik nun seit gut einem Jahrhundert, und man hat nie auch den geringsten Fehler gefunden. Trotzdem stimmen beide nicht überein. Wir haben also die Natur ausführlich befragt, und sie gibt uns konträre Antworten. Mich erinnert das an einen alten jüdischen Witz. Kommt ein Mann zum Rabbi und beklagt sich über einen anderen, mit dem er sich gestritten hat. »Du hast recht«, sagt der Rabbi. Daraufhin erscheint sein Gegner und legt dem Rabbi seine Sicht dar. »Du hast recht«, sagt der Rabbi. Da ruft die Frau des Rabbis, die alles mit angehört hat, aus dem Nebenzimmer: »Was bist du für ein Rabbi? Du sagst dem einen, er hat recht, und dem anderen auch. Das kann nicht sein.« Da antwortet der Rabbi: »Da hast du auch wieder recht.«

Also hilft nur, nach dem tieferen Grund für die Widersprüche zu suchen.

Ja. Offenbar sind unsere Vorstellungen von Zeit und Raum grundlegend falsch. Einstein verglich Zeit und Raum mit einer pulsierenden Qualle – ein bewegliches, gleichförmiges Gallert, in das wir und das ganze Universum eingebacken sind. Nach der Quantenmechanik dagegen gibt es nichts Gleichförmiges: Alles in der Natur setzt sich aus kleinsten Teilchen zusammen, den Quanten. Wenn es so ist, müssen auch Zeit und Raum aus kleinsten Einheiten bestehen. Die Zeit ist kein gleichmäßiger Fluss, sondern macht Sprünge.

Wie die Bilder in einem Film. Nur weil der Film schnell läuft, merken wir es nicht.

So ist es. Aber nicht die Bilder springen, sondern die Zeit selbst.

Wenn Sie recht haben, ist die Zeit nicht einfach da. Sie entsteht aus etwas anderem. Dann müsste es eine tiefere Wirklichkeit geben, in der noch keine Zeit existiert.

Jedenfalls nicht in dem Sinn, wie wir sie kennen.

Können wir uns das überhaupt vorstellen? Das Vergehen der Zeit liegt doch allem, was wir erleben, zugrunde. Die Erfahrung, dass die Dinge ausgedehnt sind und sich alles verändert, erscheint uns so elementar, dass wir uns wegdenken können, was wir wollen – nur die Zeit nicht.

Aber andererseits hatten die Menschen immer eine Sehnsucht nach einer Wirklichkeit jenseits der Zeit. Natürlich liegt es daran, dass wir das Vergehen der Zeit für die Verluste in unserem Leben und letztlich den Tod verantwortlich machen. Ganz gleich, ob Sie eine ewige Welt der Ideen oder eine unsterbliche Seele annehmen – ein großer Teil unserer Philosophie ist nichts anderes als der Versuch, die Herrschaft der Zeit zu überwinden.

Ich mag die Lösung, die der Kirchenlehrer Augustinus vorgeschlagen hat. Er fragte sich an der Schwelle zum fünften Jahrhundert, ob Vergangenheit und Zukunft überhaupt existieren. »Vergangenheit« nennen wir schließlich die Zeit, die nicht mehr, »Zukunft« die Zeit, die noch nicht ist. Nur die Gegenwart sei real.

Augustinus hatte erkannt, dass Vergangenheit und Zukunft in unseren Köpfen entstehen. Wir leben und empfinden nur in der Gegenwart. Wenn wir uns erinnern oder vorausplanen, erzeugen wir in dieser Gegenwart Bilder aus im Gedächtnis gespeicherten Informationen. Was wir als Vergehen der Zeit erleben, verdankt sich also wesentlich der Struktur unserer Gehirne.

Sie haben als junger Mann mit LSD experimentiert. Veränderten die Erfahrungen mit dieser Droge Ihr Denken über die Zeit?

Ja. Zu meinen stärksten Erlebnissen gehörte, dass die Zeit stillsteht. Man sieht einfach auf die Uhr und wartet. Und es tut sich so etwas wie eine Ewigkeit auf. Irgendwann schaut man wieder auf die Uhr und stellt fest, es ist nur eine Minute vergangen. Mein Gott, schoss es mir durch den Kopf, ich war in einer Unendlichkeit gefangen! Als nach ein paar Stunden die Wirkung der Pille nachließ, wusste ich natürlich, dass ich einen Effekt chemischer Vorgänge in meinem Gehirn erlebt hatte. Aber was berechtigte mich eigentlich dazu anzunehmen, dass mein normales Zeiterleben richtig war und das unter LSD falsch? Genauso gut konnte es ja umgekehrt sein.

Schmissen Sie Trips, während Sie als Physiker über Zeit forschten?

Nein. Zehn Jahre früher.

Wenigen Menschen ist bewusst, wie sehr Vorstellungen aus der Physik ihr Zeiterleben bestimmen. Alle Welt fühlt sich heute von einem angeblich immer unerbittlicheren Takt der Uhren und Kalender gejagt. Dabei ist die Idee, dass es so etwas geben könnte wie eine für alle Menschen und das ganze Universum verbindliche Zeit, eine Fiktion. Der Physiker Isaac Newton hat sich vor 300 Jahren die »absolute, wahre und mathematische Zeit« ausgedacht – weil er damit seine Gleichungen vereinfachen konnte. Heute gehen wir sogar im Alltag davon aus, dass es eine absolute Zeit gibt: So sehr haben wir uns an Newtons Gedanken gewöhnt.

Ja. Zwei Jahrtausende lang galt »Zeit« einfach nur als eine Umschreibung dafür, dass etwas geschieht. Man las die Zeit daran ab, dass die Sonne auf- und untergeht, dass sich die Jahreszeiten verändern. Und damit hatte es sich. Niemand hätte der Zeit ein Eigenleben zugebilligt, sich von ihr tyrannisieren lassen, wie wir es heute tun.

Mir erscheinen diese alten Vorstellungen tröstlich. Nicht meine Haare werden grau, weil die Zeit vergeht, sondern die Zeit vergeht, weil meine Haare ergrauen!

Wo keine Ereignisse, dort keine Zeit: So dachten die griechischen Philosophen, so dachte noch Kepler, so denken fast alle außereuropäischen Kulturen noch heute. Erst Newton änderte das mit seiner absoluten Zeit.

Doch Albert Einstein hat Newton widerlegt.

Eben. Wie die Zeit vergeht, hängt nach der Relativitätstheorie davon ab, wo wir uns befinden und wie wir uns bewegen. Wenn ich auf einen hohen Berg steige, erfahre ich dort weniger Gravitation als am Boden – und altere schneller. Und wenn ich einmal um die Welt fliege, altere ich langsamer als meine Freunde, die zu Hause bleiben. Der Unterschied lässt sich messen. Bei einer Reise gegen die Erddrehung im Jumbojet beträgt er 59 Milliardstel Sekunden.

Nun behaupten Sie ja, dass Einstein auch nicht recht hatte …

Auf kosmischen Skalen funktioniert die Relativitätstheorie phantastisch gut. Doch bei kleinen Abständen und sehr kurzen Zeiten stürzt nach der Relativitätstheorie alle Materie in sich zusammen. Albert Einstein kannte diesen Defekt. Er wusste, dass seine Theorie nicht die ganze Wahrheit sein konnte. Er arbeitete die letzten zwei Jahrzehnte seines Lebens daran, eine bessere zu finden. Aber die Zeit war noch nicht reif.

Heute wissen wir mehr?

Wenigstens gewinnen wir eine immer genauere Vorstellung davon, wie eine Welt jenseits von Raum und Zeit aussehen könnte. Es wäre eine Welt, in der es keine Körper, sondern nur Ereignisse gibt. In dieser Welt herrscht die seltsame Logik der Quantenmechanik: Die Natur macht Sprünge. Die Sprünge geschehen zufällig. Darum ist es grundsätzlich unmöglich vorherzusagen, was als Nächstes geschieht. Alles, was man angeben kann, sind Wahrscheinlichkeiten. Als wäre die Natur eine riesige Lotterie. Zusammen mit Kollegen konnte ich Einsteins Relativitätstheorie mit dieser fremdartigen Logik zusammenführen. Wir nennen unsere Theorie Quantengravitation. Demnach gibt es nicht den Raum, der die Welt enthält. Es gibt auch keine Zeit, an der entlang Ereignisse stattfinden. Es gibt kein Früher und Später. Es gibt nur Wahrscheinlichkeiten, die besagen, dass bestimmte Phänomene häufiger zusammen auftreten als andere.

So, wie Menschen eher dann mit einem Regenschirm aus dem Haus gehen, wenn der Himmel bedeckt ist.

Genau.

Aber wenn Ihre Theorie stimmt, kann man nicht einen Vorgang auf einen anderen zurückführen. In einer Welt, in der Quantengravitation herrscht, lässt sich ja unmöglich feststellen, ob erst die Wolken oder erst die Leute mit den Schirmen da waren.

Nein. Beziehungen von Ursache und Wirkung gibt es nur, wenn man nicht so genau hinsieht. Unter einem sehr starken Mikroskop betrachtet lösen sie sich auf. Schärft man seinen Blick, sieht die Welt nun einmal ganz anders aus. Nehmen Sie dieses Glas Wasser hier auf dem Tisch. Wir sehen darin eine durchsichtige Flüssigkeit in Ruhe. Aber bei starker Vergrößerung verschwindet das friedliche Bild. Dafür erkennt man Myriaden von Molekülen in wilder Bewegung.

Wie stark müsste man vergrößern, bis die Ordnung der Zeit sich auflöst?

Sie müssten die kleinsten Atomkerne unter die Lupe nehmen und dann noch Hundert Milliarden Milliarden mal stärker vergrößern.

Das ist heute unmöglich. Meines Wissens hat auch niemand eine Idee, wie man dermaßen auflösungsstarke Messgeräte bauen könnte. Aber solange sich Ihre Theorie nicht überprüfen lässt, bleibt sie Spekulation.

Ich glaube, wir haben das Instrument schon: Das Universum ist groß. Es funktioniert selbst wie ein riesiges Mikroskop. In zwei Situationen sollten sich die Effekte zeigen, die unsere Theorie voraussagt: Die eine ist der Urknall, die andere sind schwarze Löcher. Beide können wir vermessen. Unser Wissen um die Geschichte des Universums vermehrt sich rasant, kaum eine Wissenschaft entwickelt sich derzeit so schnell wie die Kosmologie.

Viele Einsichten verdanken wir der sogenannten Hintergrundstrahlung. Das sind elektromagnetische Wellen, die kurz nach dem Urknall entstanden und noch immer durch den Weltraum hallen. In vergangenen Jahren wurde diese Strahlung sehr genau untersucht. Dabei gab sie viel Information über den Anfang des Universums preis. Meinen Sie, diese Signale verraten auch etwas über die Entstehung der Zeit?

Ich hoffe es. In wenigen Jahren werden Teleskope in Betrieb gehen, die die Hintergrundstrahlung noch höher auflösen.

Dann könnte sich die Wirkung der Quantengravitation im jungen Universum ablesen lassen. Vielleicht werden wir so sogar erfahren, was vor dem Urknall geschah. Ich selbst allerdings arbeite mit schwarzen Löchern. Vor ein paar Jahrzehnten wurde bezweifelt, ob es diese Objekte überhaupt gibt. Heute wissen wir: Der Himmel ist voller schwarzer Löcher.

Wie kann man ein schwarzes Loch sehen?

Man sieht, wie die Sterne unserer Galaxie um eine riesige, unsichtbare Masse im Zentrum der Milchstraße rotieren. Man sieht auch, wie Materie gleichsam als letztes Lebenszeichen Strahlung abgibt, bevor sie in schwarzen Löchern verschwindet. Mit einem neuen Verbund von Teleskopen werden wir bald den Rand des schwarzen Loches im Mittelpunkt der Milchstraße fotografieren.

Was erfährt man von schwarzen Löchern über die Zeit?

In ihrem Inneren ist die Materie dermaßen verdichtet, dass Einsteins Relativitätstheorie nicht mehr gilt. Um die Zustände dort zu verstehen, braucht man unsere Theorie, die Quantengravitation. Wir können also ausrechnen, was da in schwarzen Löchern geschieht: Die Ordnung der Zeit löst sich auf. Wenn man in ein schwarzes Loch hineinschauen könnte, ließe sich ganz leicht feststellen, ob unsere Theorie stimmt.

Leider kann man es nicht. Die Gravitation eines schwarzen Lochs ist so stark, dass nicht einmal Licht ihm entkommt.

Aber auch schwarze Löcher leben nicht ewig. Sie verdampfen, wenngleich überaus langsam: Das war die große Entdeckung des kürzlich verstorbenen Stephen Hawking. Und was geschieht, wenn ein schwarzes Loch so viel Masse verloren hat, dass es kein schwarzes Loch mehr sein kann? Dann explodiert es. Aus der Strahlung, die es dabei abgibt, erfährt man etwas über die Vorgänge, die die Explosion im Inneren des schwarzen Lochs ausgelöst haben.

Wie häufig explodieren schwarze Löcher?

Das hängt von ihrer Größe ab. Große schwarze Löcher wie das im Zentrum der Milchstraße leben sehr lange. Länger, als das Universum alt ist. Aber wir vermuten, darüber hinaus gibt es viel kleinere schwarze Löcher, die in der Anfangszeit des Kosmos, lange vor den Sternen, entstanden. Deren Ende müsste man beobachten können.

Wie klein?

Die kleinsten könnten viele Milliarden mal kleiner als ein Atomkern sein und nur ein paar millionstel Gramm wiegen. Ich persönlich vermute, dass die sogenannte dunkle Materie aus kleinen schwarzen Löchern besteht.

Alle Anzeichen sprechen dafür, dass es im Weltall fünfmal mehr dunkle als sichtbare Materie gibt. Und überall, wo es Sterne gibt, treibt sich auch dunkle Materie herum. Aber alle Versuche herauszufinden, was die dunkle Materie eigentlich ist, sind bisher gescheitert. Sie machen mir Sorgen. Wenn es sich um kleine schwarze Löcher handelt: Wer garantiert mir denn, dass nicht gleich eines vorbeikommt und uns verschlingt?

Keine Angst. Wenn ein schwarzes Loch viel kleiner ist als ein Atom, saust es einfach durch Sie hindurch. Und wenn der ganze Weltraum voll schwarzer Löcher ist, müssten diese gar nicht besonders dicht gesät sein, um auf das Gewicht der dunklen Materie zu kommen. Ein oder zwei in unserem Sonnensystem würden genügen.

Was genau würde geschehen, wenn ein schwarzes Loch explodiert?

Dann spuckt es die Materie aus, die es zuvor verschlungen hat. Zugleich entsteht ein Blitz von Radiowellen. Und genau solche Signale, wie unsere Theorie sie vorhersagt, haben australische Radioteleskope Anfang Oktober veröffentlicht. Natürlich stehen auch andere Erklärungen im Raum. Meine Kollegin Francesca Vidotto analysiert die Daten gerade. Sie ist sehr aufgeregt: Es könnte sein, dass wir schon Hinweise auf eine Welt ohne Zeit haben.

Warum sollte es uns kümmern, dass Zeit nicht so elementar ist, wie wir denken?

Ich sage nicht sollte. Es gibt keine Verpflichtung, neugierig zu sein. Aber wer es ist, will die Wirklichkeit kennen. Als Kopernikus entdeckte, dass es auf der Erde kein Oben und Unten gibt, weil sie eine Kugel ist, die im Weltraum rotiert und sich um die Sonne dreht, konnte man auch ohne dieses Wissen weiter seinen Geschäften nachgehen. Und doch hat Kopernikus' Einsicht die Ordnung der Gesellschaft erschüttert. Grundlegende wissenschaftliche Fragen finden immer eine Resonanz in der Gesellschaft.

Veränderte die Beschäftigung mit dem Wesen der Zeit Sie selbst?

Sehr. Ich bin viel heiterer geworden, seit ich mich von der Idee einer ewigen Zeit frei gemacht habe. Vielleicht liegt es auch nur daran, dass ich älter geworden bin. Letztlich ist die Zeit, deren Vergehen ich erlebe, nur ein Produkt meines Gehirns. Die Zeit lebt mehr in mir als ich in ihr. Und nichts von dieser Erfahrung, die die Natur mir geschenkt hat, wird bleiben. Ich brauche kein Exil in der Ewigkeit, denn in der sich ständig verwandelnden Natur bin ich zu Hause. Diese Aussicht finde ich tröstlich.

Danksagung

Die vorliegenden Gespräche führte ich in den Jahren 2014 bis 2018. Sie erschienen zuvor im ZEIT Magazin, mit Ausnahme der Unterhaltungen mit Stefan Hell und Paul Schmid-Hempel, die in Veröffentlichungen des Zukunftspreises des Bundespräsidenten beziehungsweise des Berliner Wissenschaftskollegs abgedruckt wurden.

Mein Dank gilt zuallererst meinen Gesprächspartnern. Jedem Einzelnen von ihnen zu begegnen war viel mehr als ein selbstgewählter Arbeitsauftrag, mehr auch als ein Vergnügen – es war eine persönlich bereichernde Erfahrung. Etwaige Fehler in der vorliegenden Fassung sind selbstredend meine.

Meinen Redakteuren Christoph Amend und Jörg Burger vom ZEIT Magazin, Christiane Pudenz vom Büro Zukunftspreis und Katharina Wiedemann vom Wissenschaftskolleg danke ich für die Zusammenarbeit und für ihr Vertrauen. Flóra Tálasi und Katrin Wendel danke ich für die Organisation der Gesprächsreihe »fundamente« an der Berliner Universität der Künste, in deren Rahmen mehrere der Begegnungen stattgefunden haben. Alberto de Campo hat wichtige Impulse zum Gespräch mit Margaret Boden gegeben. Siv Bublitz, Nina Sillem und Anja Lindenberg haben das Buch im Verlag hervorragend betreut, mein Agent Matthias Landwehr hat es auf den Weg gebracht. Ihnen allen sei herzlich gedankt.

Wie bei allen meinen Büchern hat Alexandra Rigos, meine geliebte Frau und Kollegin, von der Konzeption der Gespräche bis zum fertigen Text so viel beigetragen, dass mir die Worte fehlen, um ihr angemessen zu danken.

Abbildungsverzeichnis

Guy Consolmagno © Daniele Stefanini

Margaret Boden © Alexander Gehring

Stefano Mancuso © Michele Borzoni

Randolf Menzel © Franziska Lentes

Zeichnung Sigmund Freud © Ryan Inzana

Esther Duflo © Alexander Gehring

Stefan Hell © Bernd Schuller / Max-Planck-Institut für biophysikalische Chemie

Ben Moore © Simon Habegger / 13 Photo AG

Paul Schmid-Hempel © Maurice Weiss / OSTKREUZ

Diana Deutsch © Sandy Huffaker

Semir Zeki © Paula Winkler

Carlo Rovelli © Alexander Gehring

Namen- und Sachregister